Pilgerbuch EDITION

Die Pilgerreise nach Rom

ITALIEN

Von Gabriele M. Knoll

Dieser Reiseführer entstand mit Unterstützung von ENIT (Frankfurt) und Germanwings

EINFÜHRUNG

PETERSDOM

LATERAN

SANTA MARIA MAGGIORE

ST. PAUL VOR DEN MAUERN

HEILIG KREUZ IN JERUSALEM

ST. LAURENTIUS VOR DEN MAUERN

ST. SEBASTIAN VOR DEN MAUERN

WEITERE PILGERSTÄTTEN

VATIKAN

PRAKTISCHE REISEINFOS VON A BIS Z

ZUM NACHSCHLAGEN

Marco Montini, *ENIT-Direktor der deutschsprachigen Länder*

Liebe Italienreisende,

Rom – città eterna, die Ewige Stadt. Wer einmal hier war, kommt zurück, auch wenn er nicht, wie es der Brauch verlangt, eine Münze in den Trevi-Brunnen wirft. Rom fasziniert. Mit seiner Jahrtausende alten Geschichte einerseits und seinem quirligen Treiben andererseits. Rom besucht man nicht, Rom erlebt man und Geschichte wird hier wieder lebendig.

Ein Spaziergang durch die Ewige Stadt führt vorbei an steinernen Zeitzeugen aus über 2500 Jahren. Schon vor dem „offiziellen" Gründungsjahr Roms 753 v.Chr. gab es Siedlungen auf dem Palatin-Hügel. Beeindruckende Bauten aus der Zeit des antiken Rom wie das Kolosseum oder die Kaiserresidenz auf dem Palatin lassen erahnen, welches Machtzentrum die Stadt in der Antike darstellte. Zahlreiche berühmte Künstler waren hier tätig und hinterließen mit ihren Arbeiten einzigartige Kunstwerke. Und dies zumeistim Auftrag der Kirche. So können Rombesucher auf Schritt und Tritt die Spuren der christlichen Glaubensgeschichte sehen: von den Katakomben über die ersten Kirchen zum Vatikan, die kulturhistorischen Zeugnisse sind nirgends so geballt erlebbar wie hier. So sind Rom und der Vatikan nicht nur für Katholiken aus aller Welt DAS Pilgerreiseziel schlechthin.

Ich wünsche Ihnen eine spannende Reise in die Geschichte und eine tolle Zeit im heutigen Rom!

Ihr

Marco Montini

Gott nahe sein

***Don Antonio Tedesco**, Leiter des deutschsprachigen Pilgerzentrums in Rom.*

Pilgern ist Vorbereitung, Sehnsucht und Erwartung. Das Alte Testament erzählt vom Gottes Volk, dass sich in Ägypten auf eine lange Wanderung vorbereitete, durch die Wüste voller Sehnsucht zog in der Erwartung, das gelobte Land zu sehen und in ihm zu leben. Im Neuen Testament hat Johannes der Täufer die Menschen durch den Aufruf zur Umkehr bei der Taufe im Jordan vorbereitet auf die Ankunft seines Cousins Joshua, auf ihn, also Jesus, ihre Sehnsüchte und Erwartungen gelenkt. Jesus Christus sehen und das Heil erlangen, davon berichtet die Bibel. Rom war dabei das wichtigste Pilgerziel seit den Kreuzzügen. Damals wurde das Schweißtuch der Veronika in die Ewige Stadt verbracht, auf dem die Gläubigen das Antlitz Christi erkannten. Wie der große Poet Dante in der „Göttlichen Komödie" berichtet auch dessen jüngerer Dichterkollege Petrarca in seinen „Gesängen" von der Sehnsucht, in Rom das Antlitz Christi zu sehen. Wenn auch diese Reliquie heute nicht mehr in Rom gezeigt werden kann, weil sich vor Jahrhunderten ihre Spur wieder verloren hat, so kommen doch jedes Jahr Millionen von Gläubigen zu der letzten Wirkungsstätte der Apostel Petrus und Paulus, um dadurch Gott nahe zu sein. Heute ist Rom den Christen der Ort, an dem sie durch die Zeugnisse der Apostel ihre Erwartung in Erfüllung gehen sehen, Gott in besonderer Weise nahe zu sein.

In diesem Sinne: Gute Reise!
Ihr Don Antonio Tedesco

Beim Blick vom Kapitol treffen sich Antike und Christentum: das Kolosseum (im Hintergrund) und (vorne) die Kirche der heiligen Lukas und Martina.

Alle Wege führen nach Rom

Wer kennt diese Redewendung nicht? In ihr drückt sich aus, dass Rom seit „Ewigkeiten“ das Zentrum der katholischen Christenheit ist. In der Mitte des 1. Jahrhunderts gehören die ersten christlichen Gemeinden zu einer Vielzahl religiöser Strömungen in der Hauptstadt des Imperium Romanum. Ihre herausragende Stellung in der jungen Christenheit sollte die Stadt durch die beiden **Apostel Petrus** und **Paulus** erhalten, die in Rom lebten, wirkten und hier auch den Märtyrertod erlitten. An ihre Gräber pilgerten im 7. Jahrhundert die ältesten überlieferten Gläubigen. Zu den berühmten Persönlichkeiten, die sich in jener Zeit auf die beschwerliche wie gefährliche Reise begaben, gehörte auch Karl der Große.

Sein Weg zur Kaiserkrönung im Jahr 800 führte ihn – von Nordosten kommend – an der Kirche **S. Agnese** vorbei über die **Via Nomentana** zur damaligen **St. Peterskirche**.

Im Mittelalter kamen die Pilger von Norden über den **Monte Mario**, vom dessen Höhe sie Rom zu ihren Füßen liegend sahen. Durch die **Porta Angelica**, das Engelstor, gelangten sie gleich zu ihrem Ziel. In der Nähe der Peterskirche befanden sich zahlreiche päpstliche wie nationale Pilgerhospize. In dieser Tradition steht der **Campo Santo Teutonico**. Ab dem 15. Jahrhundert flossen die Pilgerströme über die **Via Flamina** durch die **Porta del Popolo** Richtung Vatikan – auch Johann Wolfgang von Goethe wanderte hier entlang.

Mit der Eisenbahn und dem Kopfbahnhof **Stazione Termini** nahmen die Romfahrer vorbei an **Santa Maria degli Angeli** ihren Weg zum Tiber und zum **Petersdom**. Buslinien und die Metro verbinden heute diese beiden Punkte. Die modernste Variante einer Romfahrt führt über die beiden Flughäfen – Fiumicino westlich von Rom und Ciampino im Süden der Stadt – zu den Apostelgräbern. Wenn auch bei solch rasanten Anreisen nichts mehr vom mühseligen Pilgern vergangener Zeiten erhalten bleibt, so ist das Ziel der Gläubigen dennoch unverändert: an den Apostelgräbern zu beten, mit dem Nachfolger des hl. Petrus eine Messe zu feiern, den Segen des heiligen Vaters mitzunehmen und Hilfeersuchen oder dem Zentrum des katholischen Glaubens nahe zu sein.

Die sieben Hauptkirchen

Der Leichtigkeit der Anreise folgt dann in Rom, dieser pulsierenden Stadt mit 3 Millionen Einwohnern sowie Scharen von Touristen und Pilgern aus aller Welt, ein volles Programm.

*Blick von Osten auf die **Kuppel des Petersdomes**.*

Schon im 7. Jahrhundert lässt sich das „klassische" Pensum eines Rompilgers nachweisen: **St. Peter** (San Pietro in Vaticano), **St. Johannes im Lateran** (San Giovanni in Laterano), **Santa Maria Maggiore, St. Paul vor den Mauern** (S. Paolo fuori le Mura), **Hl. Kreuz von Jerusalem** (Santa Croce in Gerusalemme), **St. Laurentius vor den Mauern** (San Lorenzo fuori le Mura), **St. Sebastian vor den Mauern** (San Sebastiano fuori le Mura). Man kann sich kaum vorstellen, dass es damals nichts Ungewöhnliches war, die Wallfahrt zu den sieben Kirchen innerhalb eines Tages – von der ersten Vesper bis zum Sonnenuntergang des nächsten Tages - durchzuführen. Eine Büßertour im Laufschritt oder auch schon mit Kutsche oder Reittier? Bei den vollen Straßen und Gassen ist das heutzutage trotz der Verkehrsmittel kaum zu schaffen und sicherlich auch nicht im Sinne einer inneren Einkehr!

Die Reihenfolge der zu besuchenden Hauptpilgerkirchen ist nicht festgelegt. Man sollte seinen persönlichen Pilgerplan nach den Möglichkeiten ausrichten, eine Messe mit dem Papst oder eine Audienz zu erleben. Das bedeutet, dass in der Regel der **Besuch des Petersdoms für den Mittwoch** einzuplanen ist. Für die Formalitäten, die schon Wochen vor Reisebeginn zu erledigen sind, schaue man auf die Homepage des Pilgerzentrums.

*Der **Lateran** war vor dem Vatikan der Sitz der Päpste.*

Die anderen Programmpunkte können dagegen flexibel und ganz nach persönlichen Vorlieben angeordnet werden. Eine realistische Planung, die alle sieben Hauptkirchen angemessen würdigt und noch Zeit für andere Sehenswürdigkeiten lässt, aber vor allem der Besinnung, dem Wirkenlassen der religiös wie historisch/kunstgeschichtlich bedeutenden Stätten Raum gibt, sollte einen mindestens einwöchigen Aufenthalt vorsehen.

Wenn jedoch wenig Zeit zur Verfügung steht, kann sich der eilige Pilger auf die aus dem 19. Jahrhundert überlieferte **Rundtour** begeben: St. Paul, St. Sebastian und Lateran für den ersten Tag, St. Lorenz, Hl. Kreuz, Maria Maggiore für den zweiten und als krönender Abschluss der Petersdom.

Der mittelalterliche Pilger war mit einem Pilgermantel (Pelerine) und breitem Hut bekleidet sowie ausgerüstet mit Pilgerstab, Trinkflasche und Beutel.

Philipp Neri, ein vielseitiger Heiliger

„Pippo buono“ (guter Philipp), wie ihn die Römer liebevoll nennen, war mehr als nur ein Seelsorger im engeren Sinne. Der 1515 in Florenz geborene Sohn eines Juristen ging nach Rom, wo er bei den Augustinern studierte und sich gleichzeitig um das Wohl von Kranken, Armen und in Not geratenen Pilgern kümmerte. Das von ihm gegründete **Ospedale della S. S. Trinità de' Pellegrini** besteht heute noch.

Das Pilgerwesen in Rom organisierte Filippo Neri neu und er belebte vor allem die „**Siebenkirchenwallfahrt**“. Er ging selbst mit gutem Beispiel voran und führte mehrmals im Jahr diese Wallfahrt durch. Auch er wanderte die sieben Pilgerkirchen in 24 Stunden ab! Anfangs soll ihm nur das einfache Volk auf diesem Weg gefolgt sein, später auch Adlige und höhere Geistliche. Prozessionen von 5.000-6.000 Menschen soll er dabei angeführt haben.

Für Filippo waren diese Wallfahrten ebenso ein Teil seiner Jugendarbeit. Junge Leute an die Kirche heranzuführen, war ihm im wahrsten Sinne des Wortes ein wichtiges Anliegen. Als Treffpunkt für die Bibelarbeit mit den Jugendlichen diente das von ihm gegründete **Oratorium**, ein „Bethaus“, das sich an die Kirche **S. Maria in Vallicella** – auch „Chiesa Nuova“ genannt – am Corso Vittorio Emanuele anschließt. Vom 16. Jahrhundert bis heute heißen in Italien die Pfarrjugendheime „Oratorio“.

Eine Maxime des Hl. Philipp:
„Wir müssen uns oft erinnern, was Christus sagte, dass nicht, wer anfängt, sondern wer bis ans Ende aushält, selig werden wird.“
Deutsche Föderation des Oratoriums
www.oratorium.org

Aus diesem Bethaus sollte sich dank der unermüdlichen Aktivitäten des Filippo Neri noch weit mehr entwickeln. Er gründete hier die Gemeinschaft der **Oratorianer**, die 1575 von Papst Gregor XIII. als Kongregation bestätigt wurde. Diese Gemeinschaft aus Weltpriestern und Laien existiert heute noch mit 78 so genannten Hausgemeinschaften und hat ihren Hauptsitz bei der Chiesa Nuova, die in ihrer heutigen Form 1577 geweiht wurde.

Mit seinen Versammlungen im Oratorio am Corso Vittorio Emanuele ging „Pippo buono“ sogar in die Musikgeschichte ein. Er pflegte in seiner theologischen Arbeit auch den Gesang. In einigen seiner Beichtkindern, allen voran dem Kirchenmusiker und Komponisten **Giovanni Pierlugi da Palestrina** (1525 – 1594, beigesetzt im Petersdom), fand er kompetente Unterstützung darin, aus den einfachen Liedern, die im Oratorio zu den verschiedenen Anlässen gesungen wurden, anspruchsvolle Kirchenmusik zu machen.

Oratorium
Diese musikalische Gattung geht auf das Musizieren im Oratorio des Philipp Neri zurück. Unter „Oratorium“ versteht man geistliche Musik, die im Gegensatz zur liturgischen Musik der Gottesdienste, anfangs in geweihten Bethäusern aufgeführt wurde. Dort unterstützten der Gesang und die Instrumentalbegleitung die geistlichen Exerzitien. Heute werden Oratorien, als geistliche Werke für Chor, Soli und Orchester in konzertanter Form auch außerhalb von Kirchen aufgeführt.

1595 starb Filippo Neri und wurde an seiner bedeutendsten Wirkungsstätte, dem Oratorio, beigesetzt. Die Oratorianer unterhalten hier ein kleines Museum, das an den vielseitigen Gründer erinnert; einige Räume, in denen er lebte, können besichtigt werden.1622 wurde Filippo heilig gesprochen, sein Namenstag ist der 25. Mai.

Die Heiligen Jahre

Die Heilige Pforte wird zu Beginn eines Heiligen Jahres vom Papst feierlich geöffnet.

Zu einer Pilgerfahrt nach Rom kann man immer aufbrechen, aber es gibt Zeiträume, in denen diese Reise einen größeren Ablass verspricht: die so genannten Heiligen Jahre, die im Laufe der Jahrhunderte immer wieder von den amtierenden Päpsten ausgerufen wurden.

Die Hintergründe für das Herausheben einzelner Jahre und bestimmter Jahresfolgen waren nicht immer nur geistlicher Natur. Am 22. Februar 1300 rief Papst **Bonifatius VIII.** das erste Heilige Jahr aus. Mit seiner „Bulle Antiquorum" habet löste er einen beispiellosen Ansturm auf die Stadt aus. Die Massen der Rombesucher veranlassten die Kurie, sich mit so profanen Dingen wie der Verkehrsregelung zu beschäftigen. Der Dichter **Dante Alighieri**, der ebenfalls 1300 nach Rom gereist war, überliefert in seiner **Göttlichen Komödie**: „So wie in Rom im Jubiläumsjahr des großen Gedränges wegen ein Weg gefunden wurde, indem die Leute mit der Richtung nach St. Peter auf der einen, und die zur Stadt auf der anderen Seite gingen". Bei dem Pilgerandrang ging für den Papst auch noch eine zweite Rechnung auf: Es kam viel Geld in die Stadt und auch in seine Kasse, aus der sich dann Kreuzzüge ins Heilige Land finanzieren ließen.

Bulle: „Antiquorum habet"

„Der päpstliche Brief richtet sich an die ganze Christenheit und bescheinigt die vom Papst angeordnete Gewährung eines vollkommenen Ablasses und der Vergebung aller Sünden derjenigen Gläubigen, die nach reuevoller Beichte im Jahr 1300 und in jedem darauf folgenden 100. Jahr die Basiliken der Apostel Petrus und Paulus besuchen würden; für die Einwohner Roms wurde festgesetzt, dass ihr Besuch an 30 Tagen, (aufeinander folgend oder unterbrochen) mindestens einmal am Tag erfolgen müsste, während diese Pflicht für die auswärtigen Pilger auf 15 Tage verkürzt wurde".

Vatikanisches Geheimarchiv

Einer seiner Nachfolger auf dem Stuhl Petri, **Klemens VI.** (1342 – 1352) verkürzte das Zeitintervall auf 50 Jahre, damit auch in seine Amtszeit ein **Jubeljahr** fallen konnte. Er benötigte etwas mehr Geld für die anstehenden Arbeiten am Petersdom und dem Lateran – außerdem residierte er nicht in Rom, sondern in Avignon, was zusätzliche Kosten verursachte.

Der 50-Jahre-Rhythmus hatte nicht lange Bestand, denn **Urban VI.** verkürzte 1390 die Abstände auf 33 Jahre. **Papst Paul III.** führte 1470 die Heiligen Jahre im 25-Jahr-Takt ein, um jedem Menschen die Möglichkeit zu geben, einmal in seinem Leben ein solches Jubeljahr in Rom mitfeiern zu können. Dies ließ sich durch die Jahrhunderte nicht immer einhalten. Politische Ereignisse konnten schon einmal für das Ausfallen eines Jubeljahres sorgen, während es aber auch Gründe gab, ein zusätzliches durchzuführen.

Jubiläumsablass 2000
Die konkreten Anweisungen für die Erlangung des Jubiläumsablasses sind auf der Homepage der Deutschen Bischofskonferenz nachzulesen. www.dbk.de/stichwoerter/data/00054/index.html

Zum Zeremoniell am Beginn eines Heiligen Jahres gehört die **Öffnung der Porta Santa**. Nach drei symbolischen Hammerschlägen des Papstes an die Heilige Pforte des Petersdomes wird diese geöffnet und erinnert damit an Moses, der mit seinem Schlagen an eine Felswand dem dürstenden Volk Israel zu Wasser verhalf. Übertragen bedeutet dies, dass der Gläubige, der dann durch diese Pforte schreitet, durch göttliche Gnade gestärkt wird. Das letzte Jubeljahr rief Papst Johannes Paul II. 2000 unter dem Motto „Christus gestern, heute und in Ewigkeit“ aus.

Das Ziel der meisten Pilger ist der Besuch der ***Mittwochsaudienz auf dem Petersplatz****.*

„Auf diesen Fels...

...will ich meine Kirche bauen“, heißt es im Matthäusevangelium (Mt 16,18). Mit jenen Worten gab Jesus dem Fischer Simon aus Kafarnaum den Beinamen „**Petrus**“ und nahm damit vorweg, welche Aufgaben er für diesen Jünger vorgesehen hatte. Petrus, der in der Reihe der zwölf Apostel eine herausragende Stellung innehaben sollte, trug seine Mission hinaus in den Mittelmeerraum, zunächst in den östlichen, dann führten ihn Gottes Wege nach Rom.

Hier gründete er eine christliche Gemeinde und wurde der erste Bischof der Stadt. Wenn sich auch der Titel „papa“ (Vater) – „Papst“ für den römischen Bischof erst im späten 4. Jahrhundert etabliert, so schreibt man jedoch auch Petrus diesen Titel zu. In den Zeiten der Christenverfolgung unter Kaiser Nero bewahrte ihn dieses Amt nicht vor der Gefangennahme, im Gegenteil: Es machte ihn zu einem hochrangigen Staatsfeind. Man sperrte Petrus in den berüchtigten **Mamertinischen Kerker** nahe dem Forum. Über diesem Gefängnis wurde die Kirche San Giuseppe dei Falegnami errichtet und der Kerker zur Kapelle San Pietro in Carcere.

*Im **Mamertinischen Kerker** erinnert ein Altar mit dem auf dem Kopf stehenden Kreuz daran, dass hier der Apostel Petrus auf seine Hinrichtung wartete.*

Den Märtyrertod erlitt Petrus nicht im Gefängnis, sondern öffentlich, wie es damals üblich war, im Zirkus des Nero. Diese Anlage für Wagenrennen befand sich im Bereich des Vatikans, ein Teil der Fundamente liegt unter dem Petersdom.

In direkter Nachbarschaft der antiken Rennbahn wurden die Hingerichteten begraben, so auch

Noch leere Stuhlreihen vor der Papstaudienz.

Petersdom
Vatikanstadt, Tel. 06/69 88 34 62
Öffnungszeiten:
Basilika 7 - 18 Uhr (im Sommer bis 19 Uhr)
Grotten 7 - 17 Uhr
Kuppel 8 - 17 Uhr
Gottesdienstzeiten:
Privatmessen sind täglich zwischen 7 Uhr und 7.45 Uhr
Werktage: 8.30, 9, 10, 11, 12, 17 Uhr
Sonntage: 9, 10.30, 11.30, 12.15 / 13, 16, 17 Uhr (Vesper)
Beichtgelegenheiten:
Werktage 7 - 18 Uhr,
Feiertage 7 - 18.30 Uhr

Petrus. Seit der Mitte des 2. Jahrhunderts – das haben archäologische Grabungen in den 1940er Jahren nachgewiesen – verehrten die Christen das Grab des Apostels und errichteten darauf Gedächtnisbauten. Kaiser Konstantin, der das Christentum als eine gleichberechtigte Religion in seinem Reich ansah, ließ über dem Grab Petri eine Basilika bauen. Dafür mussten auf dem Vatikanshügel große Erdbewegungen stattfinden. Durch die Lage des Apostelgrabes konnte die neue Kirche auch nicht geostet, d. h. der Altar im Osten aufgestellt werden. Eine andere Besonderheit für die erste St. Peterskirche ist die Tatsache, dass sie nicht – wie viele andere Kirchen in Rom – über einer Katakombe errichtet wurde, sondern dass man das Apostelgrab als oberirdisches Denkmal in den Neubau einbezog. Diese bedeutende Stelle wurde in Alt-St. Peter mit einem Baldachin, der auf zwölf gedrehten Marmorsäulen mit Weinranken steht, würdig gefasst. Im heutigen Petersdom, unter einer eindrucksvollen Vierungskuppel, steht der **Baldachin von Bernini** mit seinen gedrehten Bronzesäulen über dem Petrusgrab.

Die frühe Verehrung des Apostels

Anfang des 4. Jahrhunderts errichtete man über dem Petrusgrab eine für ihre Zeit ungewöhnlich große Kirche. Die **Basilika Alt-St. Peter** war 119 m lang und mit ihren vier Seitenschiffen 64 m breit. Im Osten befand sich ein großes Atrium, dessen Säulenumgang den Pilgerscharen gut Schatten oder Schutz vor Regen bieten konnte – so wie heute die Kolonaden des Petersplatzes.

*Die **Pietà** Michelangelos zeigt eine sehr jugendliche Gottesmutter mit ihrem Sohn.*

Eine Märtyrerkirche war ein begehrter Begräbnisplatz für die Prominenz jener Zeiten. Ein Beispiel ist der **Sarkophag des Stadtpräfekten Junius Bassus**, der heute in der Schatzkammer des Domes ausgestellt wird. Dieses einzigartige Werk der frühchristlichen Steinmetzkunst aus dem 4. Jahrhundert zeigt biblische Ereignisse unerwartet lebendig!

Nur ein Meisterstück aus Alt-St. Peter fand auch in der Nachfolgekirche wieder seinen Platz: Es ist die **Pietà**, die der erst 24-jährige **Michelangelo** 1499 geschaffen hat. Seit mehr als einem halben Jahrtausend beten die Gläubigen zu der Muttergottes, die nicht zu leiden scheint, sondern sich vollkommen in den Ratschluss des Allmächtigen fügt.

St. Peter in St. Peter

Im Laufe des 14./15. Jahrhunderts wurde die alte Peterskirche baufällig. Die Päpste residierten lange Zeit in Avignon und interessierten sich nicht mehr so sehr für die Gebäude auf dem Vatikanshügel, zum anderen wirkte sich die Lage am Hang zunehmend negativ aus: Einige Kirchenmauern sollen sich bereits um 1,5 m aus der Senkrechten geneigt haben. Da war aus statischen Gründen dringender Handlungsbedarf angesagt! Aber auch die Präsentation des Petrusgrabes entsprach nicht mehr den Vorstellungen, dem Geschmack der Zeit. Ein Dom, der den Mittelpunkt der christlichen Welt angemessen repräsentieren würde, musste entstehen. 1506 wurde der Grundstein zum heutigen **Petersdom** gelegt, der noch immer die wichtigste und am meisten besuchte Kirche der Christenheit darstellt.

*Der **Papstaltar** über dem **Petrusgrab** scheint bis in die Kuppel zu ragen.*

Der Neubau von St. Peter wurde deutlich größer als der Vorgängerbau, aber er hatte sich dabei an die wichtigste Vorgabe zu halten, nämlich die Lage des Petrusgrabes. Dieses Grab sollte selbstverständlich auch im neuen Gotteshaus wieder im Mittelpunkt stehen und der erste Architekt Donato Bramante (1444 – 1514) plante aus diesem Grund einen Zentralbau, d. h. das gesamte Bauwerk sollte auf das Petrusgrab ausgerichtet werden. Dafür erschien das griechische Kreuz mit seinen gleich langen Armen die ideale Grundform – den Schnittpunkt der Kreuzarme legte der Baumeister über das Apostelgrab.

Bis die Stelle des Petrusgrabes ihre monumentale neue Gestaltung erhalten konnte, sollte jedoch mehr als ein Jahrhundert vergehen, denn erst am 18. November 1626 konnte die neue St. Peterskirche im Stil der Renaissance geweiht werden. Der Baldachin über dem Grab entstand als erstes Kunstwerk im neuen Gotteshaus. In Anlehnung an den vorher existierenden schuf Gian Lorenzo Bernini ebenfalls einen Baldachin, der auf vier gedrehten Bronzesäulen steht. 1633 wurde der barocke Baldachin – durch seinen Standort über dem Apostelgrab der eigentliche Hauptaltar, heute der **Papstaltar** – geweiht.

Dass dieser Platz innerhalb des Petersdomes auch in ihrer architektonischen Gestaltung herausgehoben werden musste, lässt sich an der Kuppel mühelos erkennen. Sie gilt als eines der Wunderwerke der abendländischen Baukunst – und ist damit gerade würdig, das Grab des Apostels zu bekrönen. **Michelangelo** (1475 – 1564), der als „erster Bildhauer, Maler und Architekt des Vatikans" am Petersdom beschäftigt war, entwarf sie zwar, doch ihre Vollendung im Jahre 1590 sollte er nicht mehr erleben. Dank seiner Pläne und eines Holzmodells konnte sie von seinen Nachfolgern zu Ende gebracht werden.

Petersdom in Zahlen
Fassade 114,50 m breit, 45,50 m hoch.
Vorhalle 71 m breit, 13,50 m tief, 20 m hoch.
Länge des Langhauses 186,50 m.
Höhe der Schiffe 45m bzw. 46 m.
Durchmesser der Kuppel 42 m.
Höhe der Kuppel bis zum Kreuz 132 m.
Über 160 Papstgrabmäler.
Bis zu 60.000 Menschen können hier Platz finden.

Kuppel
Mit einem Aufzug und einer Treppe von mehr als 500 Stufen zwischen den beiden Kuppelschalen kann man bis zur Laterne, dem turmartigen Kuppelaufsatz, kommen und von dort einen einmaligen Blick über die Stadt bis zu den Albaner Bergen genießen.

*Die **Kathedra** in der Apsis, in der sich der Königsstuhl Karls des Kahlen verbirgt, der im Mittelalter für den Papstthron Petri gehalten wurde.*

Rechts vor dem Baldachin befindet sich am nordöstlichen Vierungspfeiler die populärste Bronzefigur des Domes: die **Petrusstatue**. Der Florentiner Künstler **Arnolfo di Cambios** schuf sie vermutlich für das Jubeljahr 1300. Petrus, der mit strengem Blick kerzengerade auf einem marmornen Sitz thront, hat seine rechte Hand zum Segen gehoben, während er in seiner Linken die Schlüssel als Zeichen seiner Binde- und Lösegewalt hält. So unnahbar der Heilige auch in dieser Darstellung erscheinen mag, er ist unzweifelhaft der beliebteste, schaut man auf seine Füße! Die Bronzefüße zeigen starke Verschleißerscheinungen durch die Küsse und Berührungen der Pilger im Laufe der Jahrhunderte.

Den Chorraum füllt ein Kunstwerk, das sich von der Strenge der Renaissancearchitektur deutlich abhebt: die **Kathedra Petri**. Eine Inszenierung, die in höchst theatralischer Form die Bedeutung des Papstamtes darstellt. Das Kernstück dieses Werks ist der „Lehrstuhl des hl. Petrus". Nach alter christlicher Tradition saßen die Bischöfe und Päpste auf einem besonderen Stuhl, um Theologie zu lehren, aber auch ihre Führungsrolle auszuüben. Forschungen haben ergeben, dass der Stuhl, den Bernini Mitte des 17. Jahrhunderts in seinen Altar einbaute, nicht so alt ist, dass Petrus ihn genutzt haben könnte; er also keine Berührungsreliquie Petri sein kann. Sehr wahrscheinlich handelt es sich um den Thron Karls des Kahlen, der 875 in St. Peter zum König gekrönt wurde.

Ablass für das Küssen der Füße

Papst Pius IX. verlieh 1857 einen Ablass von 50 Tagen, sooft man reumütigen Herzens den Fuß des Apostels küsst und dabei ein kurzes Gebet, zum Beispiel drei „Ehre sei dem Vater" oder ein „Vaterunser" verrichtet.
Anton de Waal: Rompilger, 12. Aufl., Freiburg 1925

Der Petersdom, die Kirche der Päpste

Gleich, ob es sich um die frühchristliche Kirche Alt-St. Peter oder den monumentalen Renaissance-Bau von Neu-St. Peter handelt, diese Gotteshäuser auf dem Vatikanhügel waren bzw. sind die Papstkirchen. Etwa 160 Gräber und Denkmäler befinden sich in der Basilika und den darunter liegenden **Vatikanischen Grotten**.

Von der Vierung aus führen Treppen hinunter und es empfiehlt sich, diejenige bei der Petrusstatue zu nehmen. Durch eine Ringkrypta mit verschiedenen Seitenkapellen, in denen mehr als 20 Päpste und einige Kaiser beigesetzt wurden, gelangt man zur **Petruskapelle** mit dem Petrusgrab. In den **Neuen Grotten** befinden sich auch die **Gräber der letzten Päpste**, wie zum Beispiel von Johannes XXIII. (1958 – 63), Paul VI. (1963 – 78), Johannes Paul I. (1978) und Johannes Paul II. (1978 – 2005).

Johannes XXIII. ruht seit seiner Seligsprechung in einem Kristallsarg nahe dem Hauptaltar.

Die Sammlung der Papstgrabmäler im Dom zu betrachten, ist auch ein eindrucksvoller Exkurs vor allem in die Kunstgeschichte der Renaissance und des Barocks. Eines der prächtigsten barocken ist dasjenige von Alexander VII., der 1667 starb. Mit welcher Meisterschaft hat hier Bernini aus dem harten Marmor ausdrucksstarke Gesichter und wallende Stoffe geschaffen!

Der Petersplatz

Wenn auch der Vatikanstaat mit seiner Begrenzung, die noch unübersehbar aus der Befestigung des 16. Jahrhunderts besteht, einen wehrhaften Charakter aufweist, so empfängt der Kirchenstaat den Besucher am Petersplatz wie mit offenen Armen. Die große Öffnung der Kolonaden nach Osten zur Piazza Pio XII. erscheint nicht nur wie ein weites, einladendes Tor, sondern sie gibt auch einen hervorragenden Überblick über eine der großartigsten barocken Platzanlagen. Genau betrachtet sind es zwei Plätze: der ovale mit dem 25, 50 m hohen ägyptischen Obelisken, der ursprünglich im Zirkus des Nero – dem Hinrichtungsplatz Petri – stand. An diesen schließt sich zum Petersdom ansteigend ein trapezförmiger Platz, die Piazza Retta, an. Dieses Meisterwerk der Stadtbaukunst, das dem Petersdom einen würdigen Rahmen gibt, schuf Bernini in den Jahren 1656 bis 1667.

Kolonaden säumen den ***Petersplatz****.*

Für die Gläubigen und die Pilger ist dieser Platz eine Erweiterung des Kirchenraumes, denn so können sie in einer noch größeren Zahl an den öffentlichen Auftritten des Heiligen Vaters teilhaben. In den Sommermonaten finden hier die Papstaudienzen, sofern sich der Papst nicht auf seinem Sommersitz in Castel Gandolfo aufhält.

Den traditionellen Segen zu Weihnachten und Ostern „**Urbi et orbi**“ – „der Stadt und dem Erdkreis“ spricht er von der Benediktionsloggia über der Vorhalle des Petersdomes zu der Menschenmenge zwischen den Kolonaden.

Papst Benedikt XVI. *wird zur Audienz gefahren.*

Mit größter Spannung waren zuletzt im April 2005 die Blicke und Kameras aus aller Welt auf den Petersplatz gerichtet, als nach dem Tode Johannes Pauls II. ein neuer Papst gewählt wurde. Alle Kardinäle wurden einberufen, in geheimer Wahl aus ihrer Mitte einen neuen Papst zu bestimmen. Für das Volk auf dem Petersplatz wurde ein Schornstein zur wichtigsten Informationsquelle. Die Farbe des Rauchs, der über die Sixtinische Kapelle zog, verkündete das Ergebnis eines Wahlgangs – war der Rauch schwarz, hatte niemand die erforderliche Zwei-Drittel- Mehrheit erhalten. Dann nach 26 Stunden ließen die verbrennenden Wahlzettel einen weißen Rauch aufsteigen: Der neue Papst war gefunden: Joseph Alois Ratzinger, geboren am 16. April 1927 im bayerischen Marktl; der neue Heilige Vater wählte den Papstnamen **Benedikt XVI**.

Internetauftritte des Papstes
www.triff-den-papst.de
www.benedikt-xvi.de
www.vatican.va

*Petrus mit dem von Jesus verliehenen Schlüssel, Symbol der Binde- und Lösegewalt, links vor der **Domfassade**.*

Petrus

Namenstag: 29. Juni

Kennzeichen: ein bärtiger Mann mit einem bis drei Schlüsseln in der Hand, gekleidet ist Petrus entweder als Apostel in antik römischer Tracht (Tunika, Toga oder Pallium) oder als erster Papst in einem Pontifikal-Gewand mit Tiara auf dem Kopf. In der barocken Kunst wird ihm gerne ein Hahn als Attribut zugesellt, der an seine Verleugnung Christi (Mt. 26,34) erinnert.

Vita: Der Fischer Simon in Galiläa wurde erster Jünger Christi und erhielt den Beinamen Petrus (Griechisch: Fels). Nach der Himmelfahrt Christi übernahm er die Führung der Gemeinde in Jerusalem und begab sich auf Missionsreisen durch Judäa und Syrien. Seine Missionsarbeit führte ihn schließlich auch nach Rom, wo er als Bischof wirkte und um das Jahr 64 oder 67 den Märtyrertod erlitt. Auf seine Bitte und zur Unterscheidung zum Kreuzestod Christi ließ er sich im Zirkus des Nero mit dem Kopf nach unten hängend kreuzigen. Petrus gilt als der Gründer der christlichen Kirche in Rom.

Brauchtum: Sehr geläufig ist heute seine Zuständigkeit für das Wetter: „Wenn Petrus mitspielt…" Früher rief man ihn an bei Fieber, Fallsucht, Verrenkungen, Zahnschmerzen oder als Schutzpatron für das Vieh. Als ehemaliger Fischer ist er auch für diese Berufsgruppe sowie die Schiffer zuständig und als Hüter der Himmelsschlüssel für Berufe rund um die Metallverarbeitung.

Ihr Freunde Gottes allzu gleich

Ihr Freunde Gottes allzu gleich,
verherrlicht hoch im Himmelreich,
erfleht am Throne allezeit
uns Gnade und Barmherzigkeit.
Helft uns in diesem Erdental,
daß wir durch Gottes Gnad und Wahl
zum Himmel kommen allzumal.
Vor allem, du, o Königin,
Maria, milde Herrscherin,
ihr Engelschöre voller Macht,
die ihr habt treulich auf uns acht:
Ihr Patriarchen hochgeborn
und ihr Propheten auserkorn,
o ihr Apostel allesamt,
erwählt zu solchem hohen Amt:
O ihr gekrönten Märtyrer
und der Bekenner großes Heer,
o Schar der Jungfraun, Gott geweiht,
ihr Fraun zu treuem Dienst bereit.
Wir bitten euch durch Christi Blut
für uns bei Gott stets Fürsprach tut;
der heiligsten Dreifaltigkeit
trägt vor die Not der Christenheit.

NACH FRIEDRICH SPEE 1623

Der erste Kirchenbau Roms

Die barocke Fassade der Kirche **San Giovanni in Laterano** darf nicht darüber hinweg täuschen, dass es sich bei diesem Gotteshaus um die **älteste Kirche Roms** und den ersten katholischen Kirchenbau überhaupt handelt. Die Inschrift auf der Fassade „Omnium urbis et orbis ecclesiarum mater et caput“ (Mutter und Haupt der Kirchen der gesamten Stadt und des Erdkreises) erinnert daran.

Im Jahre 313 begann man auf dem ehemaligen Grundstück der Laterani, einer römischen Adelsfamilie, mit dem Bau einer großen Kirche, eines Baptisteriums sowie eines Bischofspalastes.

Fassadeninschrift
der Lateranbasilika

Der Rang der ursprünglich dem Erlöser geweihten Kirche spiegelt sich auch in den hier abgehaltenen Konzilien wieder, die als 1. bis 5. **Laterankonzil** aus den Jahren 1123, 1139, 1179, 1215 und 1512 in die Geschichte eingingen. Daraus lässt sich ableiten, dass bis ins 16. Jahrhundert hinein San Giovanni den Rang der ersten Patriarchalbasilika innehielt.

Als **Patriarchalbasiliken** wurden über die Jahrhunderte hinweg die vier Hauptkirchen Roms – **der Lateran, St. Peter, St. Paul vor den Mauern** und **Santa Maria Maggiore** bezeichnet. Seit 2006 nennt man diese Kirchen mit dem höchsten liturgischen Rang **Papstbasiliken**. Sie besitzen jeweils einen Papstaltar, an dem auch nur der Papst die Heilige Messe lesen darf.

Die alte Papstkirche

Die herausragende Stellung der Lateranbasilika macht der **Papstaltar** in der Vierung deutlich. Über dem weißen Marmoraltar steht auf Marmorsäulen ein Aufbau, mit dem hölzernen Altar, an dem bereits Petrus und die nachfolgenden Bischöfe von Rom die Eucharistie gefeiert haben sollen. Darauf ruht ein gotisches Ziborium, das wertvollste Reliquien birgt, nämlich die Häupter der Apostel Petrus und Paulus.

Vor dem Papstaltar befindet sich das Grabmal des 1431 gestorbenen Papstes Martin V., der u. a. den kunstvollen Fußboden dieser Kirche in Auftrag gab. Insgesamt 28 Päpste fanden ihre letzte Ruhe in dieser Kirche; als letzter wurde Leo XIII. (1878 – 1903) hier beigesetzt.

An ein herausragendes Ereignis der Kirchengeschichte und des Pilgerns erinnert das Fragment eines Freskos am ersten Pfeiler rechts. Es zeigt Papst Bonifaz VIII. (1294 – 1306) bei der Ausrufung des ersten Heiligen Jahres (siehe S. 12), die im Lateran stattgefunden hat. Das Fresko wird dem Künstler **Giotto** zugeschrieben. Die Lateranbasilika besitzt ebenfalls eine **Porta Santa**, die nur für ein Heiliges Jahr geöffnet wird.

San Giovanni in Laterano
Piazza San Giovanni in Laterano
Tel.: 06/69 88 64 64
Öffnungszeiten:
Kirche 7 - 19 Uhr
Baptisterium und Scala Santa 9 - 12 Uhr und 15.30 - 18 Uhr
Gottesdienstzeiten:
Werktage: 7, 7.25, 8, 9, 10, 11, 12, 17 Uhr
Sonntage: 7, 7.25, 8, 9, 10, 11, 12, 17, 18 Uhr
Beichtgelegenheiten:
Werktage 7 - 19 Uhr,
Feiertage 7 - 19 Uhr

Von Heiligen umrahmt

Wie eine monumentale Kulisse wirkt die im Spätbarock 1732 – 35 nach Plänen von Alessandro Galilei geschaffene **Fassade der Lateranbasilika**. Über der Schauseite, die an einen antiken Tempel erinnert, erhebt sich eine Reihe von vierzehn sieben Meter großen Heiligenfiguren, die den erhöht in ihrer Mitte stehenden Salvator flankieren. Gleich neben ihm stehen der Apostel Johannes, der Lieblingsjünger Christi und Johannes der Täufer, die im Mittelalter zu den Patronen der Kirche ernannt wurden.

Im Inneren gibt die Folge von marmornen, mehr als vier Meter hohen Apostelstatuen dem Mittelschiff einen besonderen Rahmen. Sie wurden zu Beginn des 18. Jahrhunderts von verschiedenen Bildhauern geschaffen.

Blick in das ***Mittelschiff*** *mit den Apostelstatuen.*

Ganz im Gegensatz zu den grau-weißen Apostelbaldachinen und den Wandflächen steht die prunkvolle Farbgestaltung der Holzdecke, die seit 1567 das Kirchenschiff überspannt. Auch in der Apsis bestimmt Gold den farbig gehaltenen Raum. Die Apsis in dieser Form wurde zwar erst 1884/86 errichtet, doch bei der Verkleidung ihrer Halbkuppel wurden Teile des Mosaiks aus der Vorgängerkirche wieder eingesetzt. Vor einem goldenen Hintergrund stehen Heilige, darunter Maria und Johannes der Täufer, zu beiden Seiten eines edelsteingeschmückten Kreuzes.

Aus den Anfängen des Christentums

Nicht allein die Basilika San Giovanni in Laterano, auch einige Bauten in ihrer direkten Nähe reichen zurück bis in die frühesten Zeiten des Christentums – in die Herrschaft Kaiser Konstantins, als man ältere Gebäude für die Bauten des neuen Glaubens verwendete.

Dazu gehört auf der Rückseite der Kirche das Baptisterium **San Giovanni in Fonte**, die älteste noch genutzte Taufkirche der Christenheit. Schon der achteckige Vorgängerbau, auf dessen Fundamenten sie errichtet wurde, hatte eine enge Beziehung zum Wasser: Es war ein antikes Brunnen- oder Quellenhaus, ein Nymphäum. Auch in der Bauform wird die Tradition weitergeführt und mit den roten Porphyrsäulen hat man sogar historisches Baumaterial „recycelt". Das Bronzeportal der Kapelle, die Johannes dem Täufer geweiht ist, soll aus den Caracalla-Thermen stammen.

Eine musikalische Tür
Das antike Bronzeportal, das Papst Hilarius im 5. Jahrhundert einbauen ließ, gibt melodische Klänge von sich, wenn sie bewegt wird.

In einem Gebäude gegenüber dem Lateranpalast befindet sich ein uraltes Pilgerziel, die **Heilige Stiege** (scala santa). Es soll sich dabei um die Treppe handeln, auf der Jesus im Palast des Pontius Pilatus zu seinem Richter hoch stieg.

Nach der Überlieferung soll die hl. Helena diese Stiege aus Jerusalem nach Rom gebracht haben. Seit Jahrhunderten und auch heute noch steigen die Pilger auf Knien betend die 28 Stufen empor. Zum Schutz des Marmors – und zur Erleichterung des Wegs für die Gläubigen? – hat man die Marmorstufen mit Holz verkleidet. Für Fußgänger gibt es aber auch eine gewöhnliche Treppe zur ehemaligen päpstlichen Privatkapelle. Ursprünglich stand die Heilige Stiege im alten Lateranpalast. Mit dem Neubau des Palastes im späten 16. Jahrhundert wurde die historische Treppe auf die andere Straßenseite an die Papstkapelle versetzt.

*Auf Knien steigen Pilger die **Heilige Stiege** empor.*

Die **Capella Sancta Sanctorum**, die Nikolaus III. im späten 13. Jahrhundert errichten ließ, deutet schon mit ihrem Namen an, dass sich hier Allerheiligstes finden lässt. Die Inschrift vor dem Altar unterstreicht dies: „NON EST IN TOTO SANCTIOR ORBE LOCUS" (Kein Ort ist heiliger als dieser auf dem ganzen Erdkreis). Zu den Reliquien von herausragender Bedeutung gehörten die Häupter der Apostel Petrus und Paulus, die Papst Urban V. in die Lateranbasilika überführte.

Johannes der Täufer

Namenstag: 24. Juni, Tag seiner Geburt

Kennzeichen: ein groß gewachsener Asket, der mit einem Fell bekleidet ist; als Attribute werden ihm Lamm, Hirten- oder Kreuzstab, Buch, Taufschale und Axt beigegeben

Vita: Johannes war gerade einmal ein halbes Jahr älter als sein Vetter Jesus. Als Prophet – in ein Gewand aus Kamelhaar gehüllt – zog er durch Judäa und kündete das Kommen des Messias an. Als Zeichen der Umkehr führte er die Taufe mit Wasser ein und taufte auch Jesus, das Lamm Gottes. Johannes wurde von Herodes gefangen genommen und hingerichtet. Salome, die Stieftochter des Herrschers, ließ sich das Haupt des Hingerichteten in einer Schüssel überreichen.

Schutzpatron: für viele Taufkirchen, Schutzpatron der Schafe, Haustiere, für Berufe, die Felle und Leder verarbeiten sowie u.a. für Hirten, Maurer, Zimmerleute, Architekten, angerufen bei epileptischen Leiden, Hals- und Kopfschmerzen

Brauchtum: Der Namenstag ist auch der Zeitpunkt der Sommersonnenwende, am Vorabend werden Johannisfeuer abgebrannt.

Für Spargelfreunde bedeutet der Johannistag das Ende dieses frischen Gemüses, danach wird kein Spargel mehr gestochen.

Nun danket alle Gott
mit Herzen, Mund und Händen,
der große Dinge tut
an uns allen Enden,
der uns von Mutterleib
und Kindesbeinen an
unzählig viel zugut
bis hieher hat getan.

Der ewigreiche Gott
woll uns in unserm Leben
ein immer fröhlich Herz
und edlen Frieden geben
und uns in seiner Gnad
erhalten fort und fort
und uns aus aller Not
erlösen hier und dort.

Lob, Ehr und Preis sei Gott
dem Vater und dem Sohne
und Gott dem Heilgen Geist
im höchsten Himmelsthrone,
ihm, dem dreieinen Gott,
wie es im Anfang war
und ist und bleiben wird,
so jetzt und immerdar.

MARTIN RINCKART 1636

Apostel und Evangelist Johannes

Die Forschung ist seit dem 19. Jahrhundert geteilter Meinung darüber, ob es sich bei dem Apostel Johannes gleichzeitig auch um den Evangelisten handelt. Da dies in der Kunst vorangegangener Epochen nicht unterschieden wurde, soll Johannes hier auch in beiden Funktionen kurz vorgestellt werden.

Namenstag: 27. Dezember

Kennzeichen: Oft als junger, bartloser Mann dargestellt; wie bei den Evangelisten allgemein üblich werden ihm eine Rolle oder ein Buch in die Hand gegeben. Als einzigartiges Attribut hat er einen Adler in seiner Nähe. Auch ein Kelch mit Schlange kann vorkommen, wie auf der Lateranfassade.

Vita: Johannes war Fischer am See Genezareth, bevor er Jesus folgte. Er galt als dessen Lieblingsjünger, wie es die Darstellungen der so genannten Johannisminne zeigen, bei denen er sich an Jesus anlehnt. Nach der Himmelfahrt Christi lebte er lange Zeit in Ephesus, wo er auch – ungewöhnlich für einen Heiligen – im hohen Alter eines natürlichen Todes starb.

Schutzpatron: Winzer, Berufe, die mit Schreiben und Büchern zu tun haben, wie zum Beispiel Schriftsteller, Buchhändler, Papierfabrikanten und Beamte

Brauchtum: Am 27. Dezember weihte der Priester Wein als so genannten Johanneswein, der besonders die Gesundheit fördern sollte. Damit wurde an folgende Legende erinnert: Der Heide Aristomedus reichte dem Apostel vergifteten Wein mit der Bemerkung, wenn dieser den Wein vertragen würde, wolle er Christ werden. Da schlug Johannes ein Kreuz über dem Kelch, das Gift kroch in Form einer Schlange heraus und er konnte – ohne Schaden zu nehmen – den Wein trinken.

Gleich wie mich mein Vater gesandt hat,
so sende ich euch.

Er hat mich gesandt,
zu predigen den Gefangenen,
daß sie los sein sollen,
und ich sende euch,
zu predigen den Gefangenen,
daß sie los sein sollen.

Er hat mich gesandt,
zu predigen den Zerschlagenen,
daß sie frei sein sollen,
und ich sende euch,
zu predigen den Zerschlagenen,
daß sie frei sein sollen.

NACH JOH. 20,21
(AUS GOTTESLOB AACHEN NR. 641)

Ein Schneewunder im Sommer

Kein Zweifel, es war himmlischer Wille, der den Standort von **Santa Maria Maggiore** bestimmte! Die Muttergottes erschien Papst Liberius (352 – 366) und dem Patrizier Johannes im Traum und gab ihnen den Auftrag, an der Stelle eine Kirche zu ihren Ehren zu bauen, an der am nächsten Tag Schnee liegen würde. Trotz des Augusts fiel Schnee und der Standort wurde den beiden deutlich: Auf dem Esquilinhügel sollten sie die Kirche Santa Maria delle Neve (hl. Maria vom Schnee) bauen. Doch wurde der Grundstein erst später unter Papst Sixtus III. (432 – 440) gelegt. Das Besondere an dieser Kirche, die man eher unter dem Namen Santa Maria Maggiore (Groß St. Maria) kennt, ist die bis heute erhaltene Ausstattung aus dem 5. Jahrhundert.

Das Bild über dem Altar zeigt das ***Schneewunder*** *im Hochsommer.*

Die älteste Marienkirche

Santa Maria Maggiore
Via Liberiana, 27
Tel.: 06/48 810 94
Öffnungszeiten:
7 - 19 Uhr
Gottesdienstzeiten:
Täglich 7, 8, 9, 10, 12, 18 Uhr
Beichtgelegenheiten:
Täglich 7 - 12.30 Uhr und 15.30 - 19 Uhr

In der großen Zahl der rund 80 Kirchen und Kapellen Roms, die der Muttergottes geweiht sind, hebt sich **Santa Maria Maggiore** nicht nur durch ihr Alter besonders heraus. Sie ist in diesem großen Kreis auch die einzige Papstkirche und verfügt demzufolge über einen Papstaltar und eine Porta Santa. Mit ihrem 75 m hohen Campanile besitzt sie zudem noch den höchsten Glockenturm der Stadt.

So selbstverständlich uns heute eine Kirche unter dem Patrozinium Mariens erscheint, für das 5. Jahrhundert war es noch ungewöhnlich. Erst mit dem Konzil von Ephesus 431 wurde Maria als Mutter Gottes und Gottesgebärerin – und nicht nur als Gebärerin eines Gottmenschen – proklamiert und damit eine wesentliche Grundlage für die Marienverehrung geschaffen.

Hinter der barocken Fassade verbirgt sich ein prächtig geschmückter Kirchenraum aus der Gründungszeit. Die dreischiffige Basilika aus dem 5. Jahrhundert vereint wertvollste Baumaterialien und frühchristliche Mosaiken. Das 86 m lange **Mittelschiff** wird von Säulenreihen aus weißem Marmor gerahmt. Sein Fußboden ist ein Meisterwerk aus Porphyr und Marmor in vielen

Farbabstufungen. Der Pracht dieses Raumes setzt die 1493 – 98 geschaffene Kassettendecke eine würdige Krone auf. Die Schnitzereien sind in Gold gefasst: Es soll das erste Gold sein, das nach der Entdeckung Amerikas von dort nach Europa kam; Isabella und Ferdinand von Spanien sollen es gestiftet haben.

Edelste Materialien wurden auch für die Gestaltung der Seitenkapellen, **Cappella Sinistra** und **Cappella Paolina**, genommen. In der 1589 geweihten Cappella Sinistra berichten nicht nur die Fresken über den Stammbaum, die Geburt und Kindheit Christi, man kann hier auch hinunter steigen zu einem goldenen Reliquiar mit Holzpartikeln der Krippe von Bethlehem. Diesen Reliquien verdankt die Kirche einen weiteren Namen: „St. Maria zur Krippe“. Die Cappella Paolina (1611 vollendet) birgt in ihrem barocken Prunkaltar aus vergoldeter Bronze und Lapislazuliplatten das berühmteste und am meisten verehrte Marienbild Roms. Nach der Legende soll der hl. Lukas das „Salus Populi Romani“ (Heil des römischen Volkes) gemalt haben – den wahren Urheber kennt man nicht.

Biblische Geschichte wie aus dem Bilderbuch

Verkündigung des Wortes Gottes und Schmuck des Kirchenraumes, das bedeuten die **Mosaiken** im Mittelschiff der Kirche. Höchst anschaulich wird am so genannten Triumphbogen, der Wand zwischen Mittelschiff und Apsis, die Kindheitsgeschichte Jesu erzählt und Marias Rolle als Gottesgebärerin versinnbildlicht. Die Bilderfolgen aus der Zeit um 440 sind zwar nicht chronologisch angeordnet, doch der des Lesens unkundige Mensch vergangener Zeiten konnte hier detailreich das biblische Geschehen kennen lernen. Die Personen sind relativ authentisch in antiker Kleidung dargestellt und es werden auch Begebenheiten gezeigt, wie zum Beispiel die „Aufklärung der Zweifel Josefs", die man selten zu sehen bekommt.

Die Mosaiken in der Apsis stammen dagegen aus dem 13. Jahrhundert; aber in ihrer detail- und farbenreichen Darstellung passen sie hervorragend zu den frühchristlichen Werken aus dem 5. Jahrhundert. Natürlich steht die Schutzpatronin dieser Kirche hier im Mittelpunkt. Die Krönung Mariens ist der Höhepunkt einer Bilderfolge aus dem Leben der Mutter Gottes.

Die Seitenwände des Mittelschiffs stehen in ihrem Mosaikschmuck dem Triumphbogen und der Apsis um nichts nach. Hier über den langen Säulenreihen bietet jede Wand 21 Bildfelder, von denen einige wenige im Laufe der Zeit stark restauriert werden mussten. Auch beim Anbau der beiden oben

*Die **Mosaiken im Mittelschiff** erzählen von biblischen Ereignissen.*

erwähnten Kapellen ging man nicht zimperlich mit den Mosaiken um!

Auf den Mittelschiff-Mosaiken wird der Betrachter in weit zurück liegende Zeiten des Alten Testaments entführt, wenn auch die handelnden Personen in antike römische Gewänder gehüllt sind; so erscheint Abraham wie ein römischer Senator. Als Hauptpersonen treten Abraham, Jakob, Moses und Josua auf, die alle das jüdische Volk in das Gelobte Land führen wollen. Die Bildergeschichte beginnt am Triumphbogen an das „Stadtporträt“ von Bethlehem anschließend mit dem Opfer von Melchisedek. Weiter geht es mit Abraham, dem Gott ein großes Reich für sein Volk verspricht. Dieses Versprechen erhält auch Josua. Auf der rechten Wand des Mittelschiffs drehen sich die Szenen um Moses, der das auserwählte Volk aus der Sklaverei in Ägypten durch das Rote Meer nach Kanaan, in das Gelobte Land führt. Zwei Ereignisse aus der jüngeren jüdischen Geschichte, David bringt die Bundeslade nach Jerusalem und Salomon baut den Tempel, schließen die biblische Geschichte in steinernen Bildern ab.

Maria/Jungfrau Maria/ Mutter Gottes

Kennzeichen: eine junge, schöne Frau oftmals mit dem Kleinkind Jesu im Arm oder auf dem Schoß; daneben gibt es aber auch eine Reihe von Mariensymbolen, die vor allem die Reinheit der Jungfrau Maria darstellen, wie zum Beispiel die weiße Lilie, dornenlose Rosen oder das Maiglöckchen.

Vita: Die Tochter von Anna und Joachim ist die jungfräuliche Verlobte des Zimmermanns Josef. In Bethlehem bringt sie in einem Stall Jesus zur Welt. Als Herodes, König von Judäa, den Kindermord von Bethlehem befiehlt, flüchtet die Familie nach Ägypten. Nach dessen Tod kehren sie nach Nazareth in Galiläa zurück. Maria wird zwar bei der Hochzeit zu Kanaan erwähnt, doch erst in den letzten Tagen Jesu wird wieder von ihr berichtet. Sie war bei der Kreuzigung dabei und sah mit anderen Frauen das leere Grab. Der Überlieferung zufolge lebte und starb sie in Ephesus.

Schutzpatronin: u. a. der Frauen, von Bayern und Oberschwaben; zu den Berufgruppen gehören Böttcher, Gastwirte und Köche, Metzger, Schiffer und Weber.

Brauchtum: Während zweier Monate steht Maria für die Gläubigen besonders im Vordergrund: im Mai mit den Marienandachten und im Oktober, dem Rosenkranz-Monat.

Feste:
2. Februar Mariä Lichtmess
25.3. Mariä Verkündigung
3. Samstag nach Pfingsten Unbeflecktes Herz Mariä
31. Mai oder 2. Juli Mariä Heimsuchung
15. August Mariä Himmelfahrt
8. September Mariä Geburt
12. September Mariä Namen
15. September Gedächtnis der Schmerzen Mariens
7. Oktober Rosenkranzfest
8. Dezember Unbefleckte Empfängnis
(Trotz ihrer Länge ist diese Liste nicht vollständig!)

An Maria Himmelfahrt werden auf dem Lande Kräuter geweiht; die Sträußchen, die vor allem vor Krankheiten schützen sollen, bringt man im Haus im Herrgottswinkel und zum Schutz des Viehs auch im Stall an.

Maria breit den Mantel aus,
mach Schirm und Schild für uns daraus;
laß uns darunter sicher stehn,
bis alle Stürm vorübergehn.
Patronin voller Güte
Uns allezeit behüte.
Dein Mantel ist sehr weit und breit,
er deckt die ganze Christenheit,
er deckt die weite, weite Welt,
ist aller Zuflucht und Gezelt.
Patronin voller Güte ...
Maria, hilf der Christenheit,
dein Hilf erzeig uns allezeit;
komm uns zu Hilf in allem Streit,
verjag die Feind all von uns weit.
Patronin voller Güte ...
O Mutter der Barmherzigkeit,
den Mantel über uns ausbreit;
uns all darunter wohl bewahr
zu jeder Zeit in aller Gefahr.
Patronin voller Güte ...

INNSBRUCK 1640

Am Grab des Apostel Paulus

Seine letzte Ruhe fand Paulus auf einem antiken Gräberfeld etwa zwei Kilometer vor den Mauern der Stadt – fuori le Mura nahe am Tiber. Noch weiter südlich bei der Trappistenabtei Tre Fontane an der Via Laurentia/ Via delle Tre Fontane liegt nach der Überlieferung die Hinrichtungsstätte des Heiligen.

Das Apostelgrab.

Ganz in der frühchristlichen Tradition errichtete man auf dem Grab des Märtyrers einen Gedenkbau, eine kleine Kapelle. Kaiser Konstantin ließ darüber im frühen 4. Jahrhundert eine erste Basilika errichten, die jedoch merkwürdigerweise deutlich kleiner ausfiel als bei den anderen Märtyrergräbern. 50 Jahre später begann man unter der Herrschaft des Kaisers Theodosius mit dem Neubau einer fünfschiffigen Basilika, die 395 von Papst Siricius geweiht wurde. Auch die zunehmende Zahl an Pilgern hatte es notwendig gemacht, die Basilika zu vergrößern und dabei ebenso noch ihre Ausrichtung nach Osten zu verändern. Mit ihrer Länge von knapp 132 m, einer Breite von 65 m und Höhe von 30 m war **San Paolo fuori le Mura** bis zum Bau von Neu-St. Peter im 16. Jahrhundert die größte Basilika Roms.

St. Paul vor den Mauern gehört ebenfalls zu den Papstkirchen und besitzt eine Heilige Pforte.

Unter den Aposteln nimmt Paulus eine besondere Rolle ein, denn ihm verdanken die Christen die schriftlichen Zeugnisse aus der Zeit Jesu. Durch seine Reisen und seine Briefwechsel mit den von ihm gegründeten jungen Gemeinden hat er den Ehrentitel „Völkerapostel“ erhalten – daraus erklärt sich auch der frühe Pilgerstrom zu seinem Grab.

Wiedererstanden aus der Asche

So historisch die Kirche **St. Paul vor den Mauern** auf den ersten Blick erscheinen mag, sie ist es in dieser Form nicht mehr. Durch die Nachlässigkeit eines Handwerkes brannte die alte Kirche in der Nacht vom 15. auf den 16. Juli 1823 nahezu vollkommen ab. Nur weniges konnte gerettet und beim Wiederaufbau des Gotteshauses verwendet werden. Eine große Spendenbereitschaft nicht nur in der römisch-katholischen Welt sorgte für das Wiedererstehen der alten Pracht. Zar Nikolaus I. stiftete die Malachit- und Lapislazuli-Blöcke, aus denen die Altäre des Querschiffs gearbeitet wurden, das ägyptische Königshaus spendete Alabastersäulen. Der Neubau von St. Paul galt als die wichtigste Baustelle unter den römischen Kirchen im 19. Jahrhundert, geweiht wurde er 1854 von Papst Pius IX. Zwischen 1892 und 1928 erhielt die Kirche den Vorhof mit seinen Säulengängen und der Gartenanlage in der Mitte. Im Zentrum steht eine große Paulusstatue, in einer Ecke nahe der Kirche eine kleinere, die Lukas darstellt.

San Paolo fuori le Mura (St. Paul vor den Mauern)
Via Ostiense, 189
Tel.: 06/54 10 351
Öffnungszeiten: 7 - 18.30 Uhr
Gottesdienstzeiten:
Werktage: 7, 8, 9, 10.30, 17.45 Uhr
Samstage, Sonntage: 7, 8, 9, 10.30, 18 Uhr
Beichtgelegenheiten: Täglich 7 - 12.30 Uhr und 15.30 - 18.30 Uhr

Im Inneren der Kirche fand, sehr zum Vorteil der Pilger, eine bauliche Veränderung statt, die nun einen direkten Blick auf das **Apostelgrab** erlaubt. Durch eine breite Öffnung kann man den Sarkophag mit den Gebeinen des Apostels sehen.

Doch erst zu Beginn des 3. Jahrtausends sollten Archäologen hier das höchstwahrscheinlich authentische Grab entdecken. Unter der Marmorplatte mit der Inschrift „PAULO APOSTOLO MART..." fanden die Forscher bei archäologischen Grabungen zwischen 2002 und 2006 den Sarkophag des Apostels. In ihm fanden sie 2000 Jahre alte Knochenreste. Diese Entdeckung scheine „die einmütige und unbestrittene Überlieferung zu bestätigen, der zufolge es sich um die sterblichen Überreste des Apostels Paulus handelt", so Papst Benediktden XVI. (siehe www.paulusjahr.info)

*Der **Osterleuchter** steht am Anfang des rechten Querschiffes; auf dem Weg in den Kreuzgang kommt man an ihm vorbei.*

Der **Papstaltar** über dem nun besser präsentierten Apostelgrab wird von einem Ziborium, einem Altarüberbau aus dem späten 13. Jahrhundert gerahmt, der auf roten Porphyrsäulen ruht. Eine einzigartige Bildergalerie, die Papst Pius IX. initiierte, mit Abbildungen aller Päpste seit Petrus zieht sich durch die obere Wandzone des Mittelschiffs und durch das rechte innere Seitenschiff. Man ist aktuell: Auch Papst Benedikt XVI. wurde bereits in einem Medaillon verewigt.

Papst Benedikt XVI.

Zu den Kunstschätzen, die den Brand überstanden, gehört der 5,60 m hohe **Osterleuchter**. In der Tradition römischer Kaiser die ihre erfolgreichen Militäraktionen auf Triumphsäulen darstellen ließen, wurde hier um 1190 die Leidensgeschichte und Verherrlichung Christi mit großer Liebe zum Detail aus dem Marmor herausgearbeitet.

Die Apsis und der **Triumphbogen** gehören ebenso zu den Teilen des Kirchenraumes, die noch von der alten Basilika erhalten blieben. Der Triumphbogen mit seinen Mosaiken aus dem 5. Jahrhundert ist ein Geschenk der Gotenkönigin Galla Placida. In der Mitte zeigt der Bogen Christus, der von den Symbolen der Evangelisten umgeben wird. Hinter dieser Darstellung ist in der Wölbung der Apsis ein weiterer Christus zu sehen. In diesem Mosaik aus dem 13. Jahrhundert wird er als Pantokrator, Weltenherrscher, auf einem Thron sitzend gezeigt. Paulus und Petrus flankieren ihn mit den Evangelisten Johannes und Lukas an den Rändern. Für Palmen haben die Mosaizisten eine besondere Vorliebe gehabt!

Im Garten des ***Kreuzgangs****.*

Zu den herausragenden Reliquienschätzen von San Paolo fuori le Mura gehört eine eiserne Kette, mit der nach der Überlieferung der gefangene Paulus an seinen Bewacher, einen römischen Soldaten, gebunden worden war. Sie wird in der Reliquienkapelle aufbewahrt.

Ein architektonisches Kleinod ist der **Kreuzgang** (1. Hälfte 13. Jahrhundert) im angeschlossenen Benediktinerkloster. Aus der Werkstatt des Pietro Vassalletto stammen – wie der Osterleuchter – die kunstvoll gearbeiteten Säulen mit ihren Mosaik-Einlegearbeiten. Dieser Kreuzgang wird zu den schönsten Roms gezählt.

Drei Quellen am Hinrichtungsplatz

Der Besuch am Grabe des Apostels Paulus wäre unvollständig ohne einen Abstecher zur Abtei der drei Quellen (**Abbazia alle Tre Fontane**). Nach der Legende soll bei der Hinrichtung – vermutlich im Jahr 67 – das abgeschlagene Haupt des Apostels dreimal aufgeschlagen sein und an diesen Stellen entsprangen drei Quellen, die dem einstigen Zisterzienserkloster seinen Namen gaben.

Das ehemals sehr feuchte und deshalb auch malariaverseuchte Gebiet wurde durch die Anpflanzung von Eukalyptusbäumen, die heute noch die Umgebung der Abtei prägen, trockengelegt. Seit Mitte des 19. Jahrhunderts kümmern sich die Trappisten hier nicht nur um das Kloster, sondern auch um die Kultivierung des Landes. Seit 1868 führen Sie das Kloster.

Zur Abtei Tre Fontane gehören zwei weitere Kirchen, die mit dem Martyrium des Apostels eng verbunden sind: Bei der Gedächtniskirche San Paolo alle Tre Fontane soll die Hinrichtung stattgefunden haben. In der Krypta der Kirche Santa Maria Scala Coeli soll sich das Gefängnis befinden, in dem Paulus nach der Überlieferung auf sein Ende gewartet hat.

Hinrichtung des Apostels
Als römischer Bürger hatte der Apostel Paulus das Privileg, den schnellen Tod durch das Enthaupten mit einem Schwert zu sterben. Für Nicht-Römer sah man den qualvolleren Tod am Kreuz vor.

Paulusjahr
2009 wurde auf Initiative von Papst Benedikt XVI. das Paulusjahr gefeiert.
Es erinnerte an den im Jahre 8 oder 9 n. Chr. geborenen Völkerapostel.
www.paulusjahr.info

Paulus

Feste: Peter und Paul am 29. Juni, dabei wird nicht ihr Todestag, sondern die vermutliche Übertragung ihrer Reliquien in die Katakomben nahe San Sebastiano/Rom gefeiert

Kennzeichen: Der Apostel Paulus wird oft gemeinsam mit Petrus dargestellt. Paulus wird in Erinnerung an seinen Tod ein Schwert beigegeben. Buch oder Schriftrolle zeigen den Verfasser der Paulusbriefe.

Vita: Mit dem Namen Saul wuchs er in einer jüdischen Familie in Tarsus/Türkei auf und studierte in Jerusalem. Dort gehörte er zu den gesetzeseifrigen Pharisäern und nicht zu den Jüngern Jesu. Erst das so genannte Damaskus-Erlebnis nach dem Tode Jesu veränderte ihn, machte aus dem Saulus den Paulus. Saulus sollte in Damaskus Christen verfolgen und begegnete in einer Vision dem auferstandenen Christus. Danach ging er auf weite Missionsreisen, lehrte schließlich auch in Rom, wo er gefangen genommen und im Jahre 64 oder 67 als Märtyrer hingerichtet wurde.

Schutzpatron: der Seiler, Sattler, Teppichweber und Weber, Arbeiterinnen, Theologen, Seelsorger und der katholischen Presse. Paulus wird um Hilfe gerufen bei Ohrenleiden und Krämpfen, aber auch gegen Blitz und Hagel oder für Regen und die Fruchtbarkeit der Felder.

Brauchtum: In vielen Bistümern werden am Hochfest Peter und Paul die Priester geweiht.

Ihr Freunde Gottes allzu gleich,
verherrlicht hoch im Himmelreich,
erfleht am Throne allezeit
uns Gnade und Barmherzigkeit.
Helft uns in diesem Erdental,
daß wir durch Gottes Gnad und Wahl
zum Himmel kommen allzumal.
Vor allem du, o Königin,
Maria, milde Herrscherin,
ihr Engelschöre voller Macht,
die ihr habt treulich unser acht:
Ihr Patriarchen hochgeborn
Und ihr Propheten auserkorn,
der Herr hat euch das Reich bereit;
führt uns zur ewgen Seligkeit:
Apostel Christi hochgestellt,
zu leuchten durch die ganze Welt,
ihr Heilgen, die dem höchsten Gut,
ihr alles schenket, selbst das Blut:
O Schar der Jungfraun, licht und rein,
die ihr geweiht dem Herrn allein,
ihr heilgen Frauen tugendreich,
ihr Freunde Gottes allzu gleich:
Wir bitten Euch durch Christi Blut,
die ihr nun weilt beim höchsten Gut,
tragt die Not der Christenheit
der heiligen Dreifaltigkeit!

FRIEDRICH VON SPEE 1623

EGO VERI
SVM TAS
VIA ETVI

Die hl. Helena und das Kreuz Christi

Die Kirche **Santa Croce in Gerusalemme** am Fuße des Esquilinhügels gehört zu den sieben Hauptpilgerkirchen Roms.

Die Ortsbezeichnung „Jerusalem“ in ihrem Namen verdankt sie der hl. Helena. Die Mutter des Kaisers Konstantin hat nach der Legende, das Kreuz Christi, seine Inschrift I.N.R.I. und die Nägel, mit denen Christus an das Holz geschlagen worden war, wieder gefunden und nach Rom sowie Konstantinopel gebracht.

Für die nach ihr benannten Kapelle in Santa Croce ließ sie auch noch Erde aus dem Heiligen Land, genauer vom Kalvarienberg in Jerusalem, holen und damit den Boden bedecken. Daran erinnert die Inschrift in der Kapelle, die man über eine Treppe rechts der Apsis erreicht.

Nach der Überlieferung ließen Kaiser Konstantin und seine Mutter Helena einen antiken kaiserlichen Palast, den Palazzo Sessoriano, als erste Kirche zur Bewahrung der Kreuzreliquien umbauen. Aus einem großen Saal oder Atrium wurde Anfang des 4. Jahrhunderts die Basilika Heleniana, auch Basilika Sessoriana genannt – damit entstand Heilig Kreuz nicht als neuer Kirchenbau, wie die anderen bedeutenden Kirchen zu Zeiten Konstantins.

Kreuzauffindung
Früher wurde in der gesamten katholischen Kirche der 3. Mai als Tag der Kreuzauffindung gefeiert, heute finden besondere Messen, Wallfahrten oder Prozessionen nur noch an den Orten statt, die ebenfalls über Partikel des Heiligen Kreuzes verfügen.

Kreuzerhöhung
Am 14. September wird das Fest der Kreuzerhöhung gefeiert. Die „Erhöhung“ bezieht sich auf das Hochhalten, das Zeigen des Kreuzes in der Öffentlichkeit.

Im 12. Jahrhundert ließ Papst Lucius II. die alte Kirche zu einer dreischiffigen Basilika mit Vorhalle und Campanile umbauen und erweitern. Der romanische Glockenturm aus jener Zeit überragt heute – fast wie ein Fremdkörper – die Kirche hinter ihrer geschwungenen Rokokofassade aus der Mitte des 18. Jahrhunderts. Auf der Balustrade setzt eine Reihe von Heiligenfiguren der Schauseite der Kirche eine Art Krone auf. Auch in großer Höhe erkennt man auf der linken Seite die hl. Helena an ihrem mehr als mannshohen Kreuz, das sie in im Arm hält. Am entgegen gesetzten Ende der Balustrade steht ihr Sohn, der Kaiser Konstantin.

Santa Croce in Gerusalemme
Piazza S. Croce in Gerusalemme, 12
Tel. 06/70 14 769
Öffnungszeiten: 7 - 20 Uhr
Gottesdienstzeiten:
Werktage: 7, 8, 18:30 Uhr
Sonn- und Feiertage: 8, 9:30, 11:30, 18:30 Uhr
Beichtgelegenheiten:
Werktags: 7 - 12 Uhr und 15.30-18.00 Uhr
Sonn- und feiertags: 7 - 12.30 Uhr und 15.30 - 19 Uhr

Die Geschichte der Kreuzauffindung erzählt im Inneren des Gotteshauses das Fresko in der Apsis. Es stammt aus dem späten 15. Jahrhundert; es versetzt den Betrachter in das legendäre Geschehen und gibt gleichzeitig ein anschauliches Bild von der Landschaft des Heiligen Landes. Eine Darstellung des Christus als Weltherrscher bildet den Mittelpunkt des Apsisfreskos.

Links von der Apsis führt eine Treppe hinauf in die erst im 20. Jahrhundert angelegte Reliquienkapelle. Hier sind die Reliquien der Passion in kostbaren Gefäßen zu sehen: Fragmente des Kreuzes, ein Kreuznagel, die Inschrifttafel des Kreuzes und Dornen der Dornenkrone Christi.

Im Kreuz ist Heil, im Kreuz ist Gnade
im Kreuz ist Vergebung. Christus ist Sieger.
Im Kreuz ist Heil, im Kreuz ist Leben,
im Kreuz ist Auferstehung. Christus ist Sieger.
Im Kreuz ist Heil, im Kreuz ist Recht,
im Kreuz ist Freiheit. Christus ist Sieger.
Im Kreuz ist Heil, im Kreuz ist Kraft,
im Kreuz ist Beistand. Christus ist Sieger.
Im Kreuz ist Heil, im Kreuz ist Trost,
im Kreuz ist Hoffnung. Christus ist Sieger.

THOMAS VON KEMPEN (UM 1380 – 1471)

O du hochheilig Kreuze,

O du hochheilig Kreuze,
daran mein Herr gehangen
in Schmerz und Todesbangen,
in Schmerz und Todesbangen.

Wer kann genug dich loben,
da du all Gott umschlossen,
das je uns zugeflossen.

Du bist die sichre Leiter,
darauf man steigt zum Leben,
das Gott will ewig geben.

Du starke Brücke,
darüber alle Frommen
wohl durch die Fluten kommen.

Du bist das Siegeszeichen,
davor der Feind erschricket,

wenn er es nur anblicket.
Du bist der Stab der Pilger,

daran wir sicher wallen,
nicht wanken und nicht fallen.

Du bist des Himmels Schlüssel,
du schließest auf das Leben,
das uns durch dich gegeben.
Zeig deine Kraft und Stärke,
beschütz uns all zusammen
durch deinen heilgen Namen.

Damit wir Gottes Kinder,
in Frieden mögen sterben
als seines Reiches Erben.

KONSTANZ 1600

St. Laurentius, der spendable Diakon

In der ersten Hälfte des 3. Jahrhunderts kam der Spanier Laurentius nach Rom, um hier als Diakon zu arbeiten. Dabei soll er ein Lieblingsschüler von Papst Sixtus II. (257 – 258) geworden sein. Beide fielen der Christenverfolgung unter Kaiser Valerian zum Opfer. Kurz vor seinem gewaltsamen Tod verteilte Laurentius, der u. a. für das Kirchenvermögen und die Armenpflege in der Stadt zuständig war, das Geld der Kirche unter den Bedürftigen. Als man ihn nach seiner Gefangennahme fragte, wo die Kirchenkasse sei, soll er auf die Armen hingewiesen haben, die die Schätze der Kirche seien. Gemeinsam mit vier weiteren Klerikern wurde Laurentius am 10. August 258, wenige Tage nach der Hinrichtung des Papstes, umgebracht. Nach der Legende soll er auf einem glühenden Rost gemartert worden sein.

Gemeinsam mit dem hl. Stephan wurde der hl. Laurentius zum Stadtpatron von Rom. Kaiser Konstantin ließ um das Jahr 330 über dem Grab des Heiligen vor den Mauern der Stadt eine erste Kirche errichten. Sie gehört ebenso zu den sieben Hauptpilgerkirchen Roms.

Rost
Das Folterwerkzeug, das an das Martyrium des hl. Laurentius erinnert, findet sich teilweise auch mit der Abbildung des Heiligen in zahlreichen Ortswappen, wie zum Beispiel denjenigen von Glücksburg, Marmagen, Wuppertal und Zwenkau.

Die konstantinische Kirche des 4. Jahrhunderts ließ Papst Pelagius II. (579 – 590) zu Beginn seines Pontifikats vergrößern und mit Mosaiken schmücken, von denen noch Teile an der Triumphbogenwand zu sehen sind. Unter Papst Honorius III. (1216 – 1227) erhielt die Basilika ihre Vorhalle und das heutige Kirchenschiff. Papst Pius IX. (1846 – 1878) bestimmte San Lorenzo als seine Grablege und sorgte für umfangreiche Renovierungen. Doch die machte ein Bombardement der Amerikaner am 19. Juli 1943 zunichte. Der einzige schwere Bombenangriff der Alliierte auf die Stadt Rom beschädigte dieses Gotteshaus schwer. Beim Wiederaufbau rekonstruierte man die frühchristliche Basilika, wie schon von außen an dem schlichten Ziegelbau unschwer zu erkennen ist.

Im frühen 13. Jahrhundert entstand die Vorhalle, die von sechs antiken Säulen getragen wird. Die Fresken an der Kirchenwand, die ebenfalls aus dieser Zeit stammen, schildern Szenen aus dem Leben des hl. Laurentius rechts und des hl. Stephans links der Eingangstür.

Basilika San Lorenzo fuori le Mura
Piazzale del Verano, 3
Tel. 06/49 15 11
Öffnungszeiten: 7.30 Uhr - 12 Uhr und 15.30 - 18.30 Uhr
Gottesdienstzeiten:
Werktags: nur auf Anfrage zwischen 11.30 und 16.30 Uhr (Tel.: 06/47 40 411)
Samstage: 18 Uhr (Vorabendmesse)
Sonntage: 11, 18 Uhr
Beichtgelegenheiten:
Werktage: 7 - 12 Uhr und 15.30 - 18 Uhr
Sonn- und Feiertag:
7 - 12.30 Uhr, 15.30 - 19 Uhr

Bildgeschichten aus dem Leben des heiligen Laurentius und Stephan.

Bei einem genauen Blick in das Kircheninnere wird an dem leichten Knick in den Säulenreihen des Mittelschiffs deutlich, dass zwei unterschiedliche Baukörper aneinander gesetzt wurden. An der Trennlinie wurde der Verlauf der alten Apsis durch weißen Marmor im Fußboden sichtbar gemacht – und das Halbrund der ehemaligen Apsis scheint „falsch" zu liegen! Hier kann man erkennen, dass die ältere Kirche, der unter Pelagius entstandene Bau nach Westen ausgerichtet war und seinen Zugang im Osten hatte. Über diesem dreischiffigen Raum aus dem 6. Jahrhundert befindet sich ein für Rom ungewöhnliches Obergeschoss, über dessen historische Nutzung man sich nicht sicher ist. Vielleicht dienten diese Räumlichkeiten den Pilgern als Hospiz? Draußen vor den Toren der Stadt werden sie sicherlich ein solches Quartier geschätzt haben.

Am Grab des heiligen Laurentius.

Unterhalb der Basilika aus dem 6. Jahrhundert befindet sich das **Grab des hl. Laurentius**. Durch ein eisernes Gitterwerk, das an den Rost des Heiligen erinnert, erkennt man den Marmorsarg, in dem auch Gebeine des hl. Stephans liegen sollen. In der Krypta ist auch der so genannte Laurentius-Stein zu sehen. Nach der Überlieferung soll der Leichnam des Heiligen gleich nach seinem Martyrium auf diese Marmorplatte gelegt worden sein. Dabei hinterließen seine Wunden Spuren auf dem Stein – so erklärt man sich die merkwürdigen Löcher als die Abdrücke des Rostes.

In der östlichen Ecke der Unterkirche, der ehemaligen Vorhalle der Basilika aus dem 6. Jahrhundert befindet sich das Grab von Papst Pius IX. Seit seiner Seligsprechung im Jahr 2000 durch Papst Johannes Paul II. ruht der mit seinem Ornat bekleidete Leichnam in einem gläsernen Sarg. Auf seinem Gesicht liegt eine silberne Maske, die einen friedlich Schlafenden zeigt. Auch die auf dem Bauch ruhenden Hände wurden mit silbernen Platten nachgeformt und bedeckt.

Neben diesen herausragenden Grabstätten ist San Lorenzo fuori le Mura ein Ort, der ganz besonders von der Grabkultur bestimmt wird. Im Kreuzgang sind nicht nur zahllose Fragmente antiker Grabplatten an den Wänden angebracht worden, auch in der direkten Nachbarschaft der Pilgerkirche ist mit dem Campo Verano, dem zu Beginn des 19. Jahrhunderts angelegten Zentralfriedhof, Grabkultur in ihren vielen Facetten zu sehen.

Blick in den ***Kreuzgang*** *mit seinem Garten.*

Laurentius/Laurenz/Lorenz

Namenstag: 10. August

Kennzeichen: ein Rost, oft wird Laurentius als junger Diakon mit einer Dalmatika bekleidet dargestellt; als weitere Attribute können Buch, Märtyrerpalme sowie ein Kelch mit Münzen oder einer Geldbörse vorkommen – in Erinnerung an sein Verteilen von Kirchengütern kurz vor dem Tod. Durch sein Martyrium auf dem Feuer haben ihn verschiedene Berufe, die ebenfalls mit Feuer und Hitze zu tun haben, als Patron gewählt, wie Wäscherinnen, Büglerinnen, Glasbläser, Feuerwehr, Köhler, Köche und Bäcker. Auch für Archivare und Bibliothekare ist er zuständig, weil er Kirchenbücher verwahrte. Gegen Brandblasen, Fieber, Hautjucken und Hexenschuss wird er angerufen, auch Schutzpatron des Weinbaus, von Spanien und der Stadt Rom.

Vita: Laurentius kam vermutlich aus Spanien und wurde Erzdiakon des Papstes Sixtus II. Wie sein Dienstherr und andere Kirchenmänner wurde er bei der Christenverfolgung unter Valerian gefangen genommen. Am 10. August 258 starb er; nach der Legende soll er auf einem Rost zu Tode gebraten worden sein.

Brauchtum: Am 10. August wurde Brot als Laurenzi-Brot gesegnet und dann unter den Bedürftigen verteilt. Gesegnetes Brot gab man auch den Tieren in Haus und Stall.

Der Laurentius-Segen soll vor Feuersbrunst schützen.

Wer nur den lieben Gott lässt walten

Wer nur den lieben Gott lässt walten,
und hoffet auf ihn allezeit,
den wird er wunderbar erhalten
in aller Not und Traurigkeit.
Wer Gott dem Allerhöchsten traut,
er hat auf keinen Sand gebaut.

Was helfen uns die schweren Sorgen,
was hilft uns unser Weh und Ach?
Was hilft es, daß wir alle Morgen
beseufzen unser Ungemach?
Wir machen unser Kreuz und Leid
nur größer durch die Traurigkeit.

Sing, bet und geh auf Gottes Wegen,
verricht das Deine nur getreu
und trau des Himmelsreichem Segen,
so wird er bei dir werden neu.
Denn welcher seine Zuversicht,
auf Gott setzt, den verläßt er nicht.

GEORG NEUMARK 1657

SCIPIO·CARD·BVRGHESIVS·S·R·E·MAIOR·POENITENTIARIVS·AN·DOM·MDCXII

In der Talsenke „ad catacumbas“

Die Hauptpilgerkirche **San Sebastiano fuori le Mura** nimmt eine besondere Stellung unter diesen sieben Gotteshäusern ein, denn hier blieb die enge Verbindung zwischen einer Kirche auf einem Heiligengrab und einem unterirdischen Friedhof über die vielen Jahrhunderte erhalten. In dem Namen des Tals „ad catacumbas“ liegt sogar der Ursprung der Bezeichnung „Katakomben“ für die Grabkultur und Grabarchitektur unter der Erdoberfläche.

Zu Beginn unserer Zeitrechnung gehörte das Gelände an der **Via Appia Antica** – der wohl berühmtesten Straße des Alten Roms – dem römischen Kaiserhaus. Eine heidnische Nekropole (Totenstadt) dehnte sich hier aus vor der Stadtmauer aus.

Im 3. Jahrhundert wurde die Nekropole, die sich immer mehr zu einer christlichen Begräbnisstätte entwickelte, umgestaltet. Das Terrain wurde zu einem Plateau aufgeschüttet und Kaiser Konstantin sollte sich auch hier als Bauherr einer Kirche betätigen. Es entstand eine dreischiffige Basilika, die eine ältere Halle, in der man einst Totenmahle abgehalten hatte, mit einbezog. Dies spiegelt sich in der so genannten Umgangsbasilika wieder, bei der es ein Säulengang erlaubt, um einen besonderen Platz herumzugehen, ohne dass ein Stau unter den Gläubigen entsteht oder auch dort zu stehen und Handlungen zu beobachten.

Umgangschor
Bei den mittelalterlichen Pilgerkirchen wählte man den Umgangschor, um so den Strom von Gläubigen um einen Reliquienschrein oder an einem Kranz von Seitenkapellen vorbeizuführen.

Am Anfang eine Kirche der Apostel

Die frühen Christen verehrten an dieser Stelle der Via Appia Antica jedoch noch nicht den hl. Sebastian sondern die Apostel Petrus und Paulus. So hieß auch die Kirche, die Kaiser Konstantin zwischen 312 und 337 erbauen ließ, „Basilika Apostolorum".

Die beiden hatte man nachweislich schon um 250 in der Nekropole verehrt, wie es an einer großen Zahl von Einritzungen in den Putz der Wände ablesen konnte. Aus der gemeinsamen Verehrung an dieser Stelle, in der Halle für Totenmahle, soll das Fest Peter und Paul hervorgegangen sein, auch wenn es im Jahre 354 erstmals offiziell im römischen Staatskalender bezeugt wird. Der Grund für die Verehrung der beiden außerhalb der Stadt liegt in einem Erlass des Kaisers Valerian. 258 hatte er den Christen unter Todesstrafe verboten, die Reliquien der Apostel an ihren ersten Grabstätten zu verehren. Unter sicherlich großen Gefahren hatte man die Gebeine an die Via Appia Antica gebracht, in den Katakomben versteckt und hier im Verborgenen verehrt.

Basilika San Sebastiano fuori le Mura
Via Appia Antica, 136
Tel. 06/7850350
Öffnungszeiten: 8.30 - 12 Uhr und 14.30 - 17.30 Uhr (sonntags geschlossen)
Gottesdienstzeiten: Täglich 7 Uhr

Sebastian, der neue Schutzpatron

In der zweiten Hälfte des 3. Jahrhunderts diente Sebastian als Prätorianer, d. h. Angehöriger der kaiserlichen Leibwache des Kaisers Diokletian, in Rom. Der Kaiser beförderte ihn wegen seiner Verdienste, seines Mutes, seiner Umsicht und Sittenstrenge schließlich zum Anführer seiner Leibwache. Das Verhältnis zwischen den beiden verschlechterte sich rapide, als Sebastian zum Christentum übertrat und dem Kaiser sowie den Göttern die erwartete Verehrung versagte. Daraufhin wurde er zum Tode verurteilt. Man band ihn an einen Baum und ließ ihn von Bogenschützen beschießen. Der vermeintliche Tote wurde von der Witwe eines anderen Märtyrers so gut gepflegt, dass er wieder auf die Beine kam. Sebastian trat dann wieder vor den Kaiser – es könnte um das Jahr 303 gewesen sein, als dieser die letzte Welle der Christenverfolgungen veranlasst hatte. Der ehemalige Prätorianer stellte den Kaiser wegen dieser Verfolgungen zur Rede und wurde daraufhin wieder gefangen genommen. Man schlug ihn mit Knüppeln tot und warf seine Leiche in die cloaca maxima, den größten Abwasserkanal. Christen holten seinen Leichnam heraus und bestatteten ihn vor der Stadt in der Talsenke „ad catacumbas“, wo sich auch die Gebeine der Apostel vorübergehend befanden.

Im 9. Jahrhundert wurde das Patrozinium der Apostelbasilika verändert und der hl. Sebastian zum Schutzpatron erhoben. Aus der Basilika Apostolorum wurde San Sebastiano fuori le Mura.

Pestheiliger
Im Mittelalter wurde der hl. Sebastian in Italien sowie weiten Teilen Europas auch zum Pestheiligen. Da diese Krankheit so plötzlich auftrat, als hätte eine unsichtbare Hand einen Pfeil abgeschossen, und ihre Opfer entsprechend schnell starben, flehte man den von Pfeilen durchbohrten Sebastianus um Hilfe an und richtete die Fürbitten vor einem plötzlichen Tod an ihn.

Lapidarium
Im ehemaligen Chorumgang der konstantinischen Basilika befindet sich ein Lapidarium mit Sarkophagen und Inschriften der Katakomben.

Die **heutige Kirche** San Sebastiano fuori le Mura stammt aus dem frühen 17. Jahrhundert und ist ein relativ schlichter barocker Bau. Diese Saalkirche umfasst nur noch das Mittelschiff der Vorgängerkirche aus der Zeit Konstantins. Reste der Seitenschiffe aus dem 4. Jahrhundert existieren zwar noch, doch sie sind nicht mehr Teil des barocken Gotteshauses.

Ein besonderer Blickfang und eine eindrucksvolle Darstellung des ersten Martyriums ist ein großes Bildfeld in der von Giovanni Vasanzio geschaffenen Holzdecke des Kirchensaals. Es zeigt den an einen Baum gebundenen und von einem Pfeil durchbohrten Sebastian in ungewöhnlich plastischer Form.

Links im Kirchenschiff stößt der Besucher auf den Altar, der eine Urne mit Reliquien des hl. Sebastian enthält. Auch die marmorne Figur des von Pfeilen getroffenen Märtyrers, ein Werk des Bernini-Schülers Giuseppe Giorgetti, ist hier zu sehen. Auf der gegenüberliegenden Seite des Kirchenschiffes befindet sich eine Reliquienkapelle, die Herzog Maximilian 1625 ausschmücken ließ. Sie beherbergt einen Pfeil und eine Säule, an der Sebastian angebunden gewesen sein soll.

In der Unterwelt der Gräber

So bedeutend die Katakomben heutzutage für das frühchristlichen Rom sind, so stammen sie doch noch aus heidnischen Zeiten. Auch die Katakomben, auf denen San Sebastiano fuori le Mura errichtet wurden, bergen Grabstätten aus heidnischer und frühchristlicher Zeit.

Es mag für uns heute kaum vorstellbar sein, aber die Römer kannten zu Beginn unserer Zeitrechnung auch schon Platzprobleme! Der Mangel an ausreichenden Flächen für die Bestattung ihrer Toten, brachte sie darauf, im Umland der Stadt unterirdische Friedhöfe schaffen. Das weiche Gestein, der Tuff, ermöglichte ohne besondere Schwierigkeiten, Katakomben in mehreren Etagen und dabei noch auf den einzelnen Etagen mehrere Grabhöhlen übereinander anzulegen – in den Katakomben von San Sebastiano hat man drei Stockwerke in den Tuff gegraben.

Sehr unterschiedlich wurden die einzelnen Grabstellen ausgestattet. Man findet die ganze Bandbreite von schlichtester bis zu prächtiger Ausstattung. Stets wurden die Gräber auch mit Zeichen, Graffiti oder Inschriftentafeln versehen, so dass man sie wiedererkennen konnte.

Mit dem Beisetzen von Märtyrern wurden die Katakomben zu begehrten Grabplätzen, denn in ihrer Nähe wollte man bestattet sein. Zum andern führte die Verehrung der Märtyrer zum Bau unterirdischer Kapellen und Basiliken, so wie hier in den Katakomben an der Krypta des hl. Sebastian.

Katakomben
Die unterirdischen Gänge können nur mit einer Führung begangen werden. Heilige Messen in den Katakomben sind möglich, sie müssen rechtzeitig angemeldet werden. Näheres unter www.catacombe.org oder info@catacombe.org. Die Katakomben sind ganzjährig montags bis samstags von 9 – 12 Uhr und 14 – 17 Uhr geöffnet (außer Weihnachten und Neujahr).

Sebastian

Namenstag: 20. Januar

Kennzeichen: Sebastian wird meist bei seinem ersten Martyrium dargestellt: ein junger Mann an einem Baum, Baumstumpf oder einer Säule gebunden und von Pfeilen durchbohrt.

Er ist der Patron der Invaliden, Sterbenden und Leichenträger, aber auch von Berufen, die nichts mit dem Tod zu tun haben, wie Gärtner, Gerber, Steinmetze und Töpfer. Beliebt ist er als Patron bei Schützenbruderschaften. In Krankheitsfällen wird er bei Verwundungen, Epilepsie, Viehkrankheiten, früher bei Pest und anderen Seuchen angerufen.

Vita: Nach der Legende wurde Sebastian in Narbonne (Südfrankreich) geboren und wuchs in Mailand im christlichen Glauben auf. Er wurde römischer Soldat in der Leibwache des Kaisers Diokletian während der zweiten Hälfte des 3. Jahrhunderts und starb bei den Christenverfolgungen Anfang des 4. Jahrhunderts. Ungewöhnlich ist, dass er wegen seines christlichen Glaubens zweimal ein Martyrium (siehe S. 69) erlitt.

Brauchtum: Einst engagierten sich Sebastianus-Bruderschaften in der Pflege und Bestattung von Pestkranken, aber sie kümmerten sich auch darum, die öffentliche Ordnung aufrecht zu halten. Nachbildungen von Sebastianuspfeilen wurden einst getragen, um sich vor der Pest zu schützen. In der großen Pestepidemie 1349 rückte der Heilige auf in den Kreis der vierzehn Nothelfer. An seinem Festtag musste das Vieh fasten, damit es gesund bliebe. In Bayern pflegte man den Brauch der Sebastianusbrote (Brote aus getrocknetem Obst) . In den Schützenbruderschaften ist der hl. Sebastian heute noch vielerorts präsent.

Wohl denen, die da wandeln
vor Gott in Heiligkeit,
nach seinem Worte handeln
und leben allezeit.
Die recht von Herzen suchen Gott
und seiner Weisung folgen,
sind stets bei ihm in Gnad.

Lehr mich den Weg zum Leben,
führ mich nach deinem Wort;
so will ich Zeugnis geben
von dir, mein Heil und Hort.
Durch deinen Geist, Herr stärke mich,
dass ich dein Wort festhalte,
von Herzen fürchte dich.

Dein Wort, Herr, nicht vergehet;
es bleibet ewiglich,
so weit der Himmel gehet,
der stets beweget sich.
Dein Wahrheit bleibt zu aller Zeit,
gleichwie der Grund der Erde,
durch deine Hand bereit.

NACH CORNELIUS BECKER 1602

Vorbild Pantheon
Dieser Kuppelbau aus dem 1. Jahrhundert stand Pate für den Petersdom. Die Renaissance-Architekten Bramante und Michelangelo ließen sich davon inspirieren. Der Durchmesser der Pantheon-Kuppel ist jedoch um 1 m länger als derjenige der Petersdom-Kuppel!

Vom Tempel zum Königs- und Künstlergrab

Das **Pantheon** kann sich rühmen, nicht nur die ältesten Mauern, sondern auch den ältesten komplett erhaltenen und überwölbten Raum der Antike in Rom zu besitzen und damit ebenso die Kirche mit der ältesten Bausubstanz der Stadt zu sein. Der Rundtempel wurde unter Kaiser Hadrian im Jahr 125 vollendet. Ein architektonisches Wunder ist die antike Kuppel, die bis auf eine Höhe von 43,3 m hinaufragt. Mehr als sechs Meter mächtige Ziegelmauern bilden den kreisrunden Raum.

Zur Zeit der ersten christlichen Kaiser war es noch verboten, in einem antiken Tempel eine Kirche einzurichten – auf deren Fundamenten ein christliches Gotteshaus zu bauen, war jedoch erlaubt. Am 1. November 609 sollte sich dies ändern, denn an diesem Tag weihte Papst Bonifazius IV. das Pantheon der hl. Maria und den Märtyrern. Aus der Gründung dieser Kirche Sancta Maria ad Martyres entstand das **Allerheiligenfest**, das heute noch weltweit begangen wird.

Das Innere des Pantheons wurde im Laufe der Jahrhunderte immer wieder verändert, wertvolles antikes Baumateri-

al, wie die vergoldeten Bronzeziegel oder Bronzebeschläge, wurden abmontiert und für neue Bauten wie den Petersdom verwendet.

Der Innenraum des ***Pantheons****.*

Zwar wird das Pantheon nach wie vor auch als Kirche genutzt, doch ein Ort der Stille ist es bei den unzähligen Touristen kaum, die den eindrucksvollen Kuppelbau besichtigen. Aber schon seit der Renaissance und erst recht im 19./20. Jahrhundert wurde der geschichtsträchtige Bau zur Grabstätte Prominenter. Dazu gehören der berühmte Renaissance-Künstler Raffael und Mitglieder des italienischen Königshauses, wie beispielsweise Umberto I. und seine Gemahlin Margarethe oder Viktor Emanuel III. und seine Gattin Elena, die als letztes Familienmitglied hier 1952 beigesetzt wurde.

Herr, wohin gehst du?

Der ungewöhnliche Name für eine Kirche **„Domine, quo vadis?“** erinnert an die legendäre Begegnung des Apostels Petrus bei seiner Flucht aus Rom. An dieser Stelle auf der Via Appia Antica begegnete ihm Christus, dem er die Frage stellte. „Ich gehe nach Rom, um mich wieder kreuzigen zu lassen“, antwortete Christus. Daraufhin gab Petrus beschämt seine Fluchtpläne auf, drehte um und ergab sich seinem Schicksal und dem Martyrium in Rom.

Im 9. Jahrhundert wurde eine kleine Kirche errichtet, die neben der berühmten Frage auch noch den Namen **Santa Maria in Palmis** trägt. Die Saalkirche erhielt ihr barockes Aussehen um 1637. Als Denkmal für die legendäre Begegnung zwischen Christus und Apostel gelten die Fußabdrücke Jesu auf einem Marmorblock, doch der Abdruck kann diesen hohen Ansprüchen nicht gerecht werden! Der Stein mit den Fußspuren ist die Kopie einer Votivtafel für eine glückliche Heimkehr und soll aus dem einst nahe gelegenen Tempel des Dio Redicolo, dem Gott der Rückkehr, stammen. Das Original wird in San Sebastiano fuori le Mura aufbewahrt.

In der Kirche erinnert eine Büste des Henryk Sienkiewicz an den Autor des berühmten historischen Romans Quo vadis, der 1895 erstmals erschien. 1905 wurde der polnische Schriftsteller mit dem Nobelpreis für Literatur ausgezeichnet.

Die zwei bekehrten Schwestern

Nicht weit von der Kirche Santa Maria Maggiore entfernt erinnern zwei alte Kirchen, die von den Touristen- und Pilgerströmen wenig berührt werden, an die beiden Töchter des römischen Senators Pudens. Nach der Legende wurden die Schwestern Praxedis und Pudentiana in ihrem Elternhaus vom Apostel Petrus zum Christentum bekehrt und getauft. Beide starben als Märtyrerinnen.

Um das Jahr 400 wurde auf den Fundamenten eines antiken Wohnhauses, das wiederum auf Grundmauern einer Thermenanlage entstand, die Kirche **Santa Pudenziana al Viminale** errichtet. Eine antike Apsis wurde für den Kirchenbau verwendet und mit einem bemerkenswerten Mosaik geschmückt: Es ist das älteste erhaltene – wenn auch im Barock veränderte - Apsismosaik einer römischen Kirche. Aus der Zeit um 400 stammt die Darstellung des lehrenden Christus im Kreis der Aposteln und zweier Frauen, die goldene Kränze in den Händen halten.

Die zweite Kirche, **Santa Prassede all' Esquilino**, reicht mit ihren Mauern in das ausgehende 5. und mit ihrem heutigen Bau in das 9. Jahrhundert zurück. Für die dreischiffige Basilika wurden jedoch antike Granitsäulen wieder verwendet. Mit ihrem Mosaikschmuck steht Santa Prassede ihrer Schwesterkirche um nichts nach: In der Apsis und am Apsisbogen sind die bedeutendsten Mosaiken der karolingischen Renaissance aus dem 9. Jahrhundert zu bewundern.

Santa Pudenziana
Via Urbana, 160
Die Kirche ist Treffpunkt der philippinischen Gemeinde.

Santa Prassede
Via di San Martino ai Monti
Dieser Haupteingang ist meist verschlossen, darum nehme man den Seiteneingang von der Via Santa Prassede 9a.

In schönster Insellage

Einzigartig liegt die Kirche **San Bartolomeo all'Isola** auf der Spitze der Tiberinsel; von Süden schauend wird die Kirche mit ihrem Campanile aus dem Jahr 1118 von zwei historischen Steinbrücken, dem antiken **Pons Fabricus** und dem **Pons Cestius** als Übergang nach Trastevere, gerahmt. Solch eine etwas abgeschiedene Lage war ideal für die Gründung eines Klosters. Kaiser Otto III. gründete hier auf den Ruinen eines Äskulap-Tempels um das Jahr 1000 ein Kloster. Als Schutzpatron wählte er den hl. Adalbert von Prag. Eine romanische Brunnenfassung, die aus einem antiken Säulenschaft herausgearbeitet wurde, steht auf der Treppe zum Hauptaltar und erinnert an den ersten Patron. Im Kreis der vier Dargestellten, Christus, dem hl. Adalbert und Kaiser Otto befindet sich auch der hl. Bartholomäus, dem

Reliquientransfer
Im 13. Jahrhundert wurde die Hirnschale des hl. Bartholomäus von der Tiberinsel nach Frankfurt in den Dom St. Bartholomäus überführt.

die Kirche später geweiht wurde. Bereits Otto II. hatte Reliquien des Heiligen an diesen Ort gebracht.

Das Innere der Kirche zeigt heute eine Mischung aus spätbarocker Raumgestaltung und solcher des Historismus aus der Mitte des 19. Jahrhunderts.

Eine neue Bedeutung hat Papst Johannes Paul II. San Bartolomeo all'Isola im Jahr 2002 gegeben, als er die Kirche den neuen Märtyrern des 20. Jahrhunderts weihte. In den Seitenkapellen werden Erinnerungsstücke an die Opfer des Nationalsozialismus ausgestellt, wie ein Brief des selig gesprochenen österreichischen Kriegsdienstverweigerers Franz Jägerstätter, weitere Briefe, die aus Konzentrationslagern Buchenwald und Sachsenhausen geschrieben wurden, sowie eine Reliquie des seligen Kardinals Clemens August Graf von Galen. Auch der Widerstandskämpfer Joannes Baptista Sproll und Eugen Bolz wird gedacht.

Gotteshaus in mehreren Schichten

Während bei vielen Kirchen Roms die Spuren früherer Gebäude noch zu sehen sind und so zahllose antike Fundamente und Mauerreste für die nachfolgenden Gotteshäuser genutzt wurden, blieben in **San Clemente** die komplette Vorgängerkirche, ein antikes Gebäude und noch ein Mithras-Heiligtum erhalten. Diese Schichten aus dem 1. – 3. Jahrhundert können auch besichtigt werden. Beginnen Sie mit der ältesten – untersten – Schicht und dem Mithras-Kult, der wegen seiner hohen ethischen Ansprüche anfangs für das Christentum eine ernsthafte Konkurrenz darstellte. Soldaten hatten den Kult des Sonnen- und Kriegsgottes Mithras aus dem Orient an den Tiber gebracht. Im Mithräum, von dem es Hunderte in Rom gab, befindet sich der Altar mit einem Relief des Stier tötenden Mithras in der Mitte des Raumes und die Anhänger des Kultes – nur Männer waren erlaubt – saßen auf den Bänken an den Seiten des Raumes.

San Clemente
Via di San Giovanni in Laterano/Piazza San Clemente (in der Nähe westlich des Kolosseums)
In die antiken Räume mit dem Mithräum gelangt man durch den zur Kirche gehörenden Souvenirladen.

Über dem antiken Wohngebäude, in dem sich auch schon eine Hauskirche befand, wurde im späten 4. Jahrhundert eine frühchristliche Kirche, die heutige Unterkirche, errichtet. Papst Siricius (384 – 399) weihte sie dem hl. Clemens, dem dritten Bischof von Rom. Diese dreischiffige Säulenbasilika birgt eine schöne Sammlung von romanischen Fresken, die u. a. Szenen aus dem Leben des hl. Clemens sowie die Himmelfahrt Christi zeigen.

Nach der Zerstörung während der Normannenüberfälle 1084 wurde das Gelände um diese Kirche aufgeschüttet und anschließend auf dem kleinen Hügel die Oberkirche errichtet. Es entstand ebenfalls eine dreischiffige Basilika mit antikem Baumaterial, an die man einen Vorhof mit einem Brunnen anfügte. In das Mittelschiff setzte man als einen abgeschlossenen Bereich die Bänke der Kleriker – als Schola Cantorum, während in der Apsis der Bischofsstuhl und der Altar aufgestellt wurden.

Anfang des 18. Jh. entstand die goldene Holzdecke.

Auch diese Apsis wird von einem eindrucksvollen Mosaik geschmückt; dieses entstand um 1127 und zeigt den Gekreuzigten umgeben von Arkanthusranken vor goldenem Hintergrund. Ein besonderer Kunstschatz ist die Katharinenkapelle, mit Fresken von Masolino aus dem Jahre 1428, die u. a. das Leben der Heiligen schildern.

Die ranghöchste Marienkirche außerhalb der Patriarchalbasiliken

Unter den vielen Kirchen und Kapellen Roms, die der Gottesmutter geweiht sind, nimmt **Santa Maria in Trastevere** aus verschiedenen Gründen eine besondere Stellung ein: In der Hierarchie der römischen Kirchen steht sie gleich nach den vier großen Patriarchalbasiliken, den Päpstlichen Basiliken – dem Petersdom, dem Lateran, St. Paul vor den Mauern und Santa Maria Maggiore. Außerdem gilt sie als die älteste Marienkirche Roms. Nach der Überlieferung soll sie der erste Ort gewesen sein, an dem die Christen Roms öffentlich ihre Messen feierten.

Unter Papst Calixtus wurde zwischen 221 und 227 mit dem Kirchenbau auf dem rechten Tiberufer begonnen, doch erst im Jahre 340 konnte er vollendet werden. Von diesem Vorgängerbau existiert heute – ungewöhnlich für Rom – nichts mehr. Papst Innozenz II. (1130 – 1143) ließ das heutige Kirchengebäude mit seinem Campanile errichten.

Santa Maria in Trastevere
Piazza Santa Maria in Trastevere
Wenn im Mittelalter während der Heiligen Jahre aus irgendwelchen Gründen, die weit vor den Toren der Stadt liegende Patriarchalbasilika St. Paul vor den Mauern nicht zugänglich war, galt Santa Maria in Trastevere als würdige Ersatzkirche.

Das Mosaik auf der Fassade stammt aus dem 12. Jahrhundert und zeigt in seinem Mittelpunkt die thronende Muttergottes. Zu beiden Seiten sind jeweils fünf Frauen in kostbaren Gewändern dargestellt, die dem Jesuskind Geschenke bringen. Die Stifter dieses Kunstwerks knien als wesentlich kleinere Figuren zu Füßen der Madonna.

Die Mosaiken in der Halbkuppel der **Apsis** entstanden um 1140, der Bereich darunter um 1291.

Im Inneren der Kirche überwältigt die prachtvolle Ausstattung den Besucher: die Mosaiken in der Apsis und am Apsisbogen, die Reihen der antiken Granitsäulen, die Marmoreinlegearbeiten auf dem Boden und die mit Reliefs und Zierfriesen reich geschmückte sowie farbig gefasste Holzdecke von 1617. In diese Kassettendecke wurde ein Gemälde mit der Aufnahme Mariens in den Himmel eingesetzt.

Das Apsismosaik bietet eine seltene Mariendarstellung. Als Braut Christi symbolisiert sie die Kirche, die wie eine byzantinische Königin prächtig gekleidet neben Christus als Weltenrichter thront. Heilige flankieren das Paar und neben Maria steht Papst Calixtus, der die erste Kirche an dieser Stelle errichten ließ. Unter dem Lämmerfries werden Szenen aus dem Leben Mariens dargestellt.

Santa Maria dell' Anima
Zugang durch das Priesterkolleg,
Via della Pace, 20

Pfarrbüro:
Via Santa Maria Dell' Anima 64
00186 Rom
Tel. 0039/06/68281802
Fax 0039/06/68281886
gemeinde@santa-maria-anima.it

Messen in deutscher Sprache:
Täglich um 18 Uhr,
sonntags um 10 Uhr
Für Gruppen besteht die Möglichkeit, nach Absprache mit dem Pfarrbüro zwischen 9 – 12.30 Uhr und 15 – 16.30 Uhr Gottesdienst in der „Anima" zu feiern.

Die Deutsche Nationalkirche

Schon im späten Mittelalter bemühte man sich in Rom darum, den Pilgern aus aller Herren Länder einen Ort anzubieten, der für sie in der Ferne und Fremde ein Stückchen Heimat bieten könnte. Sie sollten eine Kirche und ein Pilgerhospiz vorfinden, in denen ihre Sprache gesprochen würde. In der Mitte des 14. Jahrhunderts stiftete das Ehepaar Johannes und Katharina Peter aus Dordrecht ein Pilgerhospiz zu Ehren der Muttergottes, das den Namen "Beatae Mariae animarum" tragen sollte.

1406 verlieh Papst Innozenz VII. der „Anima" einen Schutzbrief, mit dem er sie direkt dem Schutz des Heiligen Stuhls unterstellte. Wenig später betonte er auch noch in einer anderen Urkunde, dass diese Kirche die Aufgabe habe, „die Armen und Pilger deutscher Nation zu sammeln, sie zu stärken und ihre Gesundheit wieder herzustellen". Und so entstand in der Nähe der Piazza Navona für die Pilger aus dem „Heiligen Römischen Reich Deutscher Nation" (das jedoch mehr Länder als nur die deutschsprachigen umfasste!) die Kirche **Santa Maria**

dell' Anima – zunächst mit einer gotischen Kirche. Doch bereits nach einem halben Jahrhundert sollte der Kirchenbau um 1500 durch einen neuen „moderneren" ersetzt werden. Die Architektur der Renaissance war in Mode gekommen, die noch heute diese 1542 geweihte Hallenkirche prägt.

Bei der Stiftung der Anima durch ein niederländisches Ehepaar verwundert es nicht, dass Papst Hadrian VI., der aus Utrecht kam, in dieser Kirche beigesetzt wurde. Auf seinem Sarkophag ist zu lesen: „Wie viel hängt doch davon ab, in welche Zeit auch des besten Mannes Wirken fällt". Er hatte kein Glück mit seinem kurzen Pontifikat (1522-23), das in die Anfänge der Reformation fiel und ihn als unerfahrenen und nicht aus Italien stammenden Papst vor zu große Aufgaben stellte.

Nicht-italienische Päpste
Nach Hadrian VI. wurde erst im späten 20. Jahrhundert mit dem Polen Karol Wojtyla, der den Namen Johannes Paul II. (Pontifikat 1978 – 2005) annahm, ein nicht aus Italien stammender Kardinal zum Papst gewählt. Sein Amtsnachfolger wurde der deutsche Kardinal Joseph Alois Ratzinger als Papst Benedikt XVI.

Das Innere der Kirche zeigt eine reiche Ausstattung im Stil der Renaissance. Eine Reihe von Pilgern fand hier ihre letzte Ruhestätte.

Il Bambino Gesù – das Jesuskind

In der Weihnachtszeit ist der Andrang in der Kirche **Santa Maria in Aracoeli** (Heilige Maria zum Himmelsaltar) besonders groß. Dann streben die römischen Familien zur Krippe, in der – nach einem Diebstahl nur in einer Kopie – eine Figur des Jesuskinds liegt, die aus dem Holz eines Ölbaums vom Garten Gethsemane geschnitzt wurde. Für die Kinder wurde ein „Predigtstuhl" davor gestellt, von dem aus sie dem Jesuskind eine „Predigt" bzw. ein Gedicht vor den stolzen Eltern und Großeltern aufsagen können. Über das Jahr wird die Jesusfigur, der wundertätige Kräfte nachgesagt werden, in der Sakristei ausgestellt.

Der Standort dieser Kirche ist ein höchst geschichtsträchtiger, denn vom antiken Tempel, in dem die Juno Moneta verehrt wurde, reicht die Geschichte über den Sitz des Stadtparlaments in einer Franziskanerkirche bis hin zum heute ausschließlich als Gotteshaus genutzten Gebäude. Über eine breite Treppe, die 1348 angelegt wurde und zeigt, dass sie nicht für gewöhnliche Gottesdienstbesucher geplant worden war, steigt man von der Piazza del Campidoglio hinauf zur Santa Maria in Aracoeli mit ihrer unvollendeten Backsteinfassade.

Dahinter verbirgt sich eine dreischiffige Basilika, in der man bereits auf den ersten Blick sieht, dass hier mit den Säulen Baumaterial aus der Antike wiederverwendet wurde. Die im 13. Jahrhundert entstandene Basilika verblüfft den Besucher nach

Von der Via del Teatro di Marcello führt eine Treppe zur Kirche (Santa Maria in Aracoeli), die andere zum Kapitolsplatz mit dem Senatorenpalast aus dem 16. Jahrhundert.

der schlichten Fassade mit einer prächtigen Innenausstattung vor allem aus dem 14./15. Jahrhundert, wie dem Marmorboden und der Kassettendecke aus den 1570er Jahren.

Nach der Überlieferung soll Kaiser Augustus im Tempel der Juno von einer Sibylle, einer Wahrsagerin, prophezeit worden sein, dass eine Jungfrau ein göttliches Kind zur Welt bringen würde, das die Altäre der Götter stürzen würde. Daraufhin habe der Kaiser an dieser Stelle einen Himmelsaltar (Lateinisch: ara coeli) errichten lassen, an dem später die hl. Helena beigesetzt wurde. Die Inschrift des Altars „Ecce Ara Primogeniti Dei" (Hier steht der Altar des Erstgeborenen Gottes) befindet sich inzwischen am Triumphbogen vor der Apsis.

Die erste Seitenkapelle rechts, die Cappella Bufalini, bietet Fresken, die Szenen aus dem Leben des hl. Franziskus von Assisi und des hl. Bernhardin von Siena zeigen. Letzterer predigte 1424 in dieser Kirche.

Regina caeli

Regina caeli, laetare halleluja,
quia, quem meruisti portare, halleluja,
resurrexit, sicut dixit, halleluja,
ora pro nobis Deum, halleluja.
Rom um 1170

(Übersetzung)
O Himmelskönigin, frohlocke, Halleluja.
Denn er, den du zu tragen würdig warst,
Halleluja, ist erstanden, wie er sagte, Halleluja.
Bitt Gott für uns Maria, Halleluja.

Maria Himmelskönigin
Maria, Himmelskönigin,
der Engel hohe Herrscherin,
o Wurzel, der das Heil entsprießt,
du Tor des Lichtes sei gegrüßt.

Freu dich, du bist an Ehren reich,
dir ist an Gnaden keine gleich.
Ach bitt für uns an Gottes Thron,
bei Jesus, deinem lieben Sohn.
ROTTENBURGER GESANGBUCH 1867
NACH „AVE REGINA CAELORUM“ UM 1100

Alle Tage

Alle Tage sing und sage
Lob der Himmelkönigin;
Ihre Gnaden, ihre Taten ehr,
o Christ, mit Herz und Sinn.

Auserlesen ist ihr Wesen,
Mutter sie und Jungfrau war.
Preis sie selig, überselig;
Groß ist sie und wunderbar.

Gotterkoren hat geboren
Sie den Heiland aller Welt,
der gegeben Licht und Leben
und den Himmel offen hält.

Ihre Ehren zu vermehren,
sei von Herzen stets bereit.
Benedeie sie und freue
dich ob ihrer Herrlichkeit.

NACH HEINRICH BONE 1847 NACH
„OMNI DIE DIC MARIAE“ DES BERNHARD
VON MORLAS, GEST. 1140

Vier „gekrönte" Häupter

Die Bezeichnung dieser Kirche führt zunächst einmal in die Irre, denn es geht hier nicht um Könige oder Kaiser, sondern um Märtyrer und ihre Leidensgeschichte. Nach der einen Legende sollen es römische Soldaten, nach einer anderen Steinmetze gewesen sein, die sich weigerten, eine Statue des Gottes Äskulap zu verehren. Als Strafe dafür wurden den Märtyrern spitze Eisenkronen auf den Kopf geschlagen.

Im 4. Jahrhundert wurde zu ihrem Gedächtnis eine erste Kirche errichtet, die nachfolgende im 9. Jahrhundert, von der noch der Unterbau des gedrungenen, wehrhaft erscheinenden Campaniles noch erhalten ist. Das heutige Gotteshaus entstand zu Beginn des 12. Jahrhunderts. Auch in ihm ist noch nachzuvollziehen, dass es zur Erbauungszeit nötig war, die einst isoliert liegende Kirche etwas wehrhafter anzulegen. Auf dem Weg zum Lateran kamen die Pilger hier vorbei.

Santi Quattro Coronati
Via SS. Quattro Coronati, 20

Das Haupt des heiligen Sebastian wird in einem Reliquiar aus dem 7. Jahrhundert aufbewahrt.

Wegen des Martyriums der Steinmetze wird diese Kirche gerne von Steinmetzen und Bildhauern aufgesucht.

Ort des Vergnügens und des Leidens

Die heidnische römische Gesellschaft ging ins **Kolosseum**, um sich dort zu vergnügen und durch Gladiatorenkämpfe, Tierhetzen, sportliche Wettbewerbe, Festspiele und andere Veranstaltungen unterhalten zu lassen. In dem riesigen Oval aus der zweiten Hälfte des 1. Jahrhunderts fanden bis zu 50.000 Zuschauer Platz. Vom Kaiser und seinen Beamten, über die Priester und die vornehmsten Fa-

milien der Stadt bis hin zum gemeinen Volk pflegte man hier einen Teil seiner Freizeit zu verbringen.

Doch das größte erhaltene Bauwerk der römischen Antike war auch ein Schauplatz der Christenverfolgungen. In Erinnerung daran ließ Papst Benedikt XIV. den mächtigen Bau des Kolosseums in der Mitte des 18. Jahrhunderts mit einem Kreuzweg ausstatten. Seit dieser Zeit gehört es zur Tradition, dass der Papst am Karfreitag diesen Kreuzweg abschreitet. Unter Benedikt XIV. begann man auch, das Kolosseum als Gedenkstätte zu sichern, nachdem die vorherigen Generationen dazu keinen Anlass sahen und den gut ausgestatteten Bau nur als Steinbruch genutzt hatten. Die historischen Forschungen haben inzwischen zwar ergeben, dass längst nicht so viele Christen wie vermutet im Kolosseum ihr Leben ließen – doch was ändert das daran, dass der Mut der frühen Christen Respekt verdient?

Kolosseum in Zahlen

Oval des gesamten Baus von 186 m Länge und 156 m Breite, 57 m Höhe.
Arena: 78 m lang, 46 m breit.

Mausoleum und Festung der Päpste

Wie ein uneinnehmbarer steinerner Koloss erhebt sich die **Engelsburg** am Tiberufer. An dieser strategisch wichtigen Stelle scheint sie den Verkehr von der Engelsbrücke (Ponte Sant' Angelo) zu überwachen, die über die Jahrhunderte hinweg den wichtigsten Zugang zum Vatikan darstellte. Doch in ihren Anfängen war die Engelsburg ein riesiger Grabbau, ein Mausoleum, das Kaiser Hadrian ab 121 für seine Familie und Nachfolger errichten ließ. Ursprünglich war der zylinderförmige Bau (Durchmesser 64 m, Höhe 20 m) mit Marmorplatten verkleidet und darüber befand sich eine Galerie mit Marmorstatuen der hier beigesetzten Personen. Das wertvolle Baumaterial wurde im Mittelalter abmontiert und anderweitig genutzt.

Im 3. Jahrhundert, als Germanen die Stadt Rom bedrohten, befahl Kaiser Aurelian, eine neue Stadtmauer zu errichten und dabei das „Hadrianeum“ als Teil der Befestigungsanlagen und Schutz des Tiberübergangs entsprechend auszubauen.

Der Ursprung des Namens Engelsburg liegt im späten 6. Jahrhundert, als Papst Gregor I. in einer Vision den Erzengel Michael sah, der sein Schwert in die Scheide steckt und damit andeutete, dass die Pestepidemie in der Stadt nun vorbei sein würde. Bald darauf wurde zum Dank eine Michaelskapelle in der Festung geweiht; der Name Castel S. Angelo wird 825 erstmals überliefert. Seit 1753 erinnert die große Bronzestatue eines Engels auf der Spitze an diese Ereignisse.

Immer wieder mussten Päpste die Burg als Zufluchtstätte nutzen und der zylindrische Bauteil wurde als Wohnort für diese Notfälle ausgestattet. So findet man heute Wehranlagen und repräsentative Säle und Gemächer nah beieinander. Bemerkenswert ist die Verbindung zwischen den verschiedenen Ebenen: Eine spiralförmige Rampe erschließt alle Geschosse, über die die Besucher bis zur obersten Plattform gelangen können und zu Füßen des Bronzeengels eine beeindruckende Aussicht auf die Stadt genießen können. Nach Westen fällt der Blick gleich auf die Kuppel des Petersdomes und die Dächer des Vatikans.

Von der repräsentativen Rampe gibt es schöne Ausblicke auf das Stadtzentrum.

Die Kuppel des Peterdoms.

Jenseits des Tibers

Die Anfänge der Stadt Rom liegen auf dem linken Tiberufer. Dort wo sich heute der Vatikanstaat – auch die Vatikanstadt genannt – ausdehnt, war selbst zu Beginn unserer Zeitrechnung außer Feldern auf den Hügeln nichts Bemerkenswertes. Im 1. Jahrhundert nach Christi Geburt änderte sich dies, denn die reichen Römer und der kaiserliche Hof ließen sich „trans Tiberim" (jenseits des Tibers) Gärten und Villen, aber auch Vergnügungseinrichtungen und Sportstätten erbauen. Ein bedeutender Ort sollte hier der Zirkus, das Stadion für Wagenrennen, werden, in dem u. a. der Apostel Petrus den Märtyrertod starb und sich daraus der Standort der Peterskirche und des heutigen Petersdomes ergeben sollte. Im Jahre 324 wurde der erste Grundstein für eine Kirche zur Verehrung des ersten Bischofs von Rom gelegt und damit eigentlich auch des Vatikanstaats.

Barocker Springbrunnen auf dem Petersplatz.

Doch es sollte anders kommen: Die Überfälle der Barbaren veranlassten Kaiser Konstantin, die Hauptstadt seines Reiches nach Konstantinopel zu verlegen und Rom damit aufzugeben.

Die nicht befestigte kleine Siedlung, die um die vatikanische Basilika entstanden war, überstand diese Zeiten relativ gut, da die christianisierten Barbaren diesen auch für sie bedeutenden Ort wohl weitgehend verschonten.

Die Sarazenen, die Mitte des 9. Jahrhunderts die Stadt und Region überfielen, verschonten den Vatikanhügel nicht und Papst Leo IV. sah sich veranlasst, den Bereich um die Peterskirche mit einer Befestigungsmauer zu umgeben. Das Gelände von der Engelsburg bis zum westlichen Rand des Vatikanhügels erhielt dadurch eine deutliche Grenze und wurde „**città leonina**" (Leonische Stadt/Stadt des Leo) genannt.

Blick auf den Papstpalast

Als offizielle Residenz der Päpste diente jedoch der Lateranpalast an der Kirche San Giovanni in Laterano. Nahe der Peterskirche gab es zwar Wohnräume, doch diese waren nur eine Unterkunft für die liturgischen Aufgaben.

Der Vatikan als päpstliche Residenz

Erst Nikolaus III. (1277 – 1280) betrachtete den Vatikan als päpstliche Residenz und ließ nördlich der Peterskirche den Cortile del Pappagallo mit seinen vier Gebäudeflügeln und Ecktürmen beginnen. Auch die Befestigungsanlagen wurden verstärkt, trotz des ersten Ausbaus zu einer Festung fallen in jene Zeit auch die ersten Anfänge der Vatikanischen Gärten.

Vatikanstaat in Zahlen
Größe 44 ha (0,439 km^2), ca. 1045 m lang, ca. 850 m breit
Höhe 19m NN auf dem Petersplatz, 77 m an der höchsten Stelle der Gärten

932 Einwohner, davon 525 vatikanische Staatsbürger (2008)

Einen Einschnitt für die Entwicklung des Vatikans bedeutete das Exil der Päpste in Südfrankreich, in Avignon, in den Jahren 1309 – 1376. 1377 verlegte Papst Gregor XI. die päpstliche Residenz wieder nach Rom.

Der Rückkehr an den Tiber folgte eine große Bautätigkeit, die aus dem Vatikan nicht nur eine ausgedehnte Palastanlage machte, sondern auch eine der bedeutendsten Kunstsammlungen der Welt entstehen ließ.

Von der Mitte des 15. Jahrhunderts an betätigten sich die Päpste als eifrige Bauherren, die auch die besten Architekten und Künstler ihrer Zeit engagierten. Nikolaus V. begann mit dem Ausbau im Stil der Renaissance; ein Höhepunkt dieser Epoche wurde die **Sixtinische Kapelle** (1477 – 1480) benannt nach Papst Sixtus IV., der auch 1475 die Vatikanische Bibliothek gründete. Unter Alexander VI. entstand um 1500 das **Appartamento Borgio**, ehemalige Privatgemächer des Papstes, in denen heute moderne religiöse Kunst ausgestellt wird. Julius II. legte 1506 den Grundstein zur berühmten Kunstsammlung des Vatikans. Im Stil der Spätrenaissance wurde im späten 16. Jahrhundert unter Sixtus VI. das Gebäude der heutigen **Papstresidenz** errichtet. Urban VIII. modernisierte die Befestigungen und schuf die Mauern und Bastionen, die heute noch die wehrhafte Grenze des Vatikans ausmachen.

Päpstliche Schweizergarde

Der Vatikanstaat besitzt seit 1506 mit der Schweizergarde ein eigenes Militär. Die Soldaten sichern die Zugänge zum Vatikan, den Papstpalast und die Sommerresidenz Castel Gandolfo. Ihre wichtigste Aufgabe ist die Sicherheit des Heiligen Vaters. 110 katholische Schweizer dienen in der kleinsten Armee der Welt. www.schweizergarde.org

Die Zeit zwischen 1862 und 1870 bedeutete einen markanten Einschnitt in der Geschichte des Vatikans: Der Papst – es war das Pontifikat Pius IX. (1846 – 1878) – verlor seine weltliche Macht, die er seit dem 8. Jahrhundert gehabt hatte und die ein ausgedehnter Landbesitz in Umbrien, den Marken und der Romagna auch wirtschaftlich absicherte. 1862 hatte der Freischärler Giuseppe Garibaldi große Teile des Kirchenstaates erobert. Die Bevölkerung entschied sich in einer Volksabstimmung für die Angliederung an das Königreich Italien. 1870 wurde Rom zur Hauptstadt der neu gegründeten italienischen Republik ernannt und der Papst zog sich in den vatikanischen Palast zurück. Sein Territorium beschränkte sich nun auf den Vatikanhügel und den Sommersitz in den Albaner Bergen, Castel Gandolfo.

Durch diese tief greifenden Veränderungen war der Papst ein „einfacher" Bürger des italienischen Staates geworden. Mit den Lateranverträgen 1929 erhielt er alte Rechte zurück. Der Vatikan wurde zum weltlichen Hoheitsgebiet des Papstes erklärt und der Heilige Vater zum Landesherrn über den Bereich, der innerhalb des Mauerrings und des Petersplatzes liegt. Auch die Neutralität des jungen Kirchenstaates wurde 1929 festgelegt.

Der Kirchenstaat international

Der Heilige Stuhl unterhält diplomatische Beziehungen zu 176 Staaten, ständige Vertretungen bei den Vereinten Nationen und bei zahlreichen Sonderorganisationen, wie zum Beispiel der UNESCO, FAO und CTBTO. Der Vatikan besitzt einen eigenen Postdienst, d. h. er gibt eigene Briefmarken heraus, die weltweit gesammelt werden.

Gartenbesichtigungen
Die Vatikanischen Gärten können nur mit einer Führung angeschaut werden. Ein Teil der Garten-Exkursion in dem ausgedehnten Gelände wird dabei auch mit einem Bus zurückgelegt.

Hubschrauberlandeplatz im Grünen
Auf der westlichsten Bastion der Befestigungsanlagen aus dem 16. Jahrhundert liegt der private Hubschrauberlandeplatz des Papstes.

Der „halbe" Staat ein Garten

Genau genommen ist es ein Drittel des Vatikanstaats, das von Grünflächen bedeckt wird. Dabei handelt es sich keinesfalls um eine große Gartenanlage „aus einem Guss", sondern um das Ergebnis eines halben Jahrtausends gärtnerischer Arbeit. Wie die Päpste bei den Gebäuden immer wieder Veränderungen und Erweiterungen vornehmen ließen, so haben sie es auch bei dem sie umgebenden Grün veranlasst.

In der zweiten Hälfte des 15. Jahrhunderts, mit den Anfängen der Renaissance beginnt die heute noch sichtbare älteste Gartenarchitektur. Damals wurde es Mode, antike Statuen in den Gärten aufzustellen.

Papst Julius II. (1503 – 1513) pflegte diese Leidenschaft besonders.

Auf einer Garten-Tour gelangt man auch zu den ältesten Spuren der Befestigung des Vatikans. Über die Höhe des Hügels zieht sich im Westen noch ein Stück der zinnenbekrönten Stadtmauer des 9. Jahrhunderts. In ihrer Nähe befindet sich ein kleiner Italienischer Garten mit symmetrischen Blumenbeeten sowie Hecken und Sträuchern im Formschnitt.

Kein Ausgang
Die kleine Villa in der Nähe des Rosengartens diente Papst Leo XIII. (1878 – 1903) als Sommersitz. Er lebte am langsten im Vatikan, ohne ihn verlassen zu können. Zwischen 1870 und 1929 (siehe S. 97) überschritten die Päpste die Grenzen des Vatikans nie.

An der Piazza della Madonna di Lourdes wurde eine Nachbildung der berühmten Grotte von Lourdes aufgestellt; der Bischof von Tarbes schenkte sie Papst Leo XIII. Von der Grotte geht es durch einen Rosengarten. Rosenbögen bilden hier einen schönen Rahmen für den Blick auf die Kuppel des Petersdomes.

Nach Osten schließt sich an den Rosengarten und die Villa ein Englischer Garten an. In ihm steht die Statue „Petrus in Fesseln“ (1887), das einzige von einer Frau geschaffene Kunstwerk im Vatikan. Amalia Dupré drückte damit aus, dass die Nachfolger Petri in jener Zeit im Vatikan „gefangen“ waren, ihn nicht verlassen konnten.

Zur Gestaltung der Anlagen gehören neben den Skulpturen selbstverständlich auch Brunnen und Fontänen, wie beispielsweise der Adlerbrunnen oder der Spiegelbrunnen aus dem 17. Jahrhundert. Feinste Gartenarchitektur der Renaissance bietet die Casina di Pio IV. Das 1562 vollendete Gartenhaus mit Mosaikgrotten und Wasserspielen gehört heute zur Päpstlichen Akademie der Wissenschaften, die Pius XI. als Treffpunkt für Wissenschaftler aus aller Welt gründete.

Hier ruht der Sohn Goethes

Bei den Heerscharen an Reisenden, die sich im Laufe der Jahrhunderte aus den verschiedensten Gründen in Rom aufhielten, konnte es nicht ausbleiben, dass mancher keine Rückreise mehr antrat. Daraus entwickelte sich vor allem im 18./19. Jahrhundert in den Zeiten von Italiensehnsucht besonders unter englischen und deutschen Künstlern aller Sparten in der Hauptstadt der katholischen Welt ein Problem: Sie durften nicht auf den Friedhöfen der Stadt begraben werden.

Ab 1821 waren Beerdigungen von Nicht-Katholiken nur auf einem Friedhof an der Stadtmauer südlich des Kolosseums nahe der Porta San Paolo und der Cestius-Pyramide erlaubt. Die drei italienischen Namen machen es deutlich: „Cimitero acattolico“, „Cimitero degli Inglesi“ oder „Cimitero dei protestanti“.

Zu den bemerkenswertesten Grabinschriften gehört sicherlich diejenige, die der Herr Geheimrat Goethe für seinen 1830 in Rom verstorbenen Sohn August in den Stein meißeln ließ. Dessen Name war ihm nicht wert, der Nachwelt überliefert zu werden, ihm reichte „Goethe Filius“!

Allgemein

Eine wichtige Warnung vorweg

Passen Sie immer auf Ihr Gepäck und vor allem Ihre Wertsachen auf! Verstauen Sie diese sicher vor Langfingern! Rucksäcke sind im Gewühl überhaupt nicht zu kontrollieren! Tragen Sie Taschen und Kameras nie auf der Straßenseite, denn sie können leicht von einem vorbeifahrenden Moped weggerissen werden. Achtung bei bettelnden Kindern! Oftmals halten sie ein Stück Pappe mit einem Text vor Ihre Nase und räumen gleichzeitig unter dem Karton Ihre Tasche leer. Öffnen Sie niemals vor Bettlern das Portemonnaie. Ein paar Münzen in der Hosentasche tun es auch. Und bedenken Sie, dass es sich oftmals um gewerbsmäßiges Betteln handelt! Besondere Vorsicht ist in den Buslinien 64 und 40 vom Bahnhof Termini zum Petersdom angesagt.

Anreise

Die klassische Anreise zu Fuß wird wohl niemand mehr einplanen – und wer vernünftig ist, begibt sich auch nicht mit dem Auto auf die Reise in eine Großstadt ohne Parkplätze!

Mit der Eisenbahn kommt man in Rom Bahnhof/Stazione Termini an, mit dem Flugzeug landet man entweder auf dem 34 km entfernten Flughafen Leonardo da Vinci in Fiumicino (u.a. Lufthansa, Alitalia, Air Berlin, www.adr.it) oder dem Flughafen Ciampino (Ryanair, Hapag Lloyd Express, Easy-Jet u.a., www.terravision.it), der 14 km vom Zentrum entfernt liegt. Von Fiumicino fährt ein Expresszug (www.trenitalia.it)täglich im Halbstunden-Takt (11 Euro eine Fahrt) zur Stazione Termini. Es geht auch langsamer und für den halben Preis, doch dann muss man auf die Metro-Linien umsteigen. Von Ciampino gibt es als bequemste Lösung den Direktbus zum Bahnhof Termini (derzeit 8 Euro). Die preiswerte Alternative ist der halbstündlich verkehrende Cotral-Bus (www.schiaffini.com) bis zur Metro-Station Anagnina (Metro A) nach Termini (Fahrtpreis z. Z. 1 Euro).

Apotheken und Ärzte

„Una farmacia" – eine Apotheke –- erkennt man meist am stilisierten Kreuz an der Fassade. Gewöhnlich sind Apotheken zwischen 8.30 und 13 Uhr sowie 16.30 und 20 Uhr geöffnet. In jedem Stadtteil gibt es Apotheken mit Nachtdienst. Jeden Tag 24 Stunden geöffnet ist die Farmacia Internazionale an der Piazza Barberini, 49,
Tel.: 06/4825456.
Bei der Suche nach einem Arzt („medico" oder „dottore") empfiehlt sich ein Blick auf die Homepage des Pilgerzentrums (www.pilgerzentrum.de). Hier gibt es eine aktuelle Liste mit deutschsprachigen Ärzten in Rom, die von der deutschen Botschaft herausgegeben wird. Die Telefonnummer für medizinische Notfälle lautet 118.

Banken

Sie haben in der Regel von 08.45 bis 13.30 Uhr und von 14.45 bis 16.00 Uhr geöffnet.
In Rom gibt es einige Filialen der Deutschen Bank.

Bars/Cafés

Für einen Kaffee, eine Erfrischung, einen Aperitif oder auch für das bescheidene italienische Frühstück ist die Bar ein gerne aufgesuchter Ort. In der Regel muss man vorher bezahlen, d. h. an der Kasse einen Bon („scontrino") lösen und sich dann an anderer Stelle das Gewünschte abholen. Oftmals ist es ein Unterschied, ob man sein Getränk etc. an der Theke zu sich nimmt oder sich damit gemütlich hinsetzen und von einem Kellner bedienen lassen will. Dann kostet es ein Mehrfaches! Zum Frühstück nimmt der Italiener ein „cornetto", ein süßes Hörnchen.

Behinderte

Für Rollstuhlfahrer ist eine Romreise nicht leicht! Keine Probleme gibt es im Bereich des Petersplatzes sowie des Petersdomes – und damit bei Begegnungen mit dem Papst.
Alle sieben Hauptkirchen sind auch für Rollstuhlfahrer zugänglich.
Der größte Teil der in Rom verkehrenden Busse ist für Behinderte geeignet (internationales Zeichen am Fahrzeug).

Diplomatische Vertretungen

Deutsche Botschaft
Via San Martino della Battaglia, 4 ,00185 Rom
Tel.: 06/492131, Fax: 06/4452672

Österreichische Botschaft
Viale di Liegi, 32, 00198 Rom
Tel.: 06/855 28 80, Fax: 06/853 52 991
Schweizer Botschaft

Via Barnaba Oriani, 61
00197 Rom
Tel. 06/809571, Fax: 06/808510

Essen und Trinken

Will man nobel essen, geht man in ein „ristorante“, ein Restaurant. Hier wird damit gerechnet, dass man mindestens zwei Gänge konsumiert: „il primo“, meistens ein Nudelgericht, also „pasta“ und danach „il secondo“, entweder ein Fleisch- oder Fischgericht. Dafür kann man auch eine Tischdecke erwarten und etwas mehr Sauberkeit. Das kostet dementsprechend, besonders in der Nähe von Touristenattraktionen. Preiswerter und einfacher, aber deswegen bei weitem nicht schlechter oder schmutziger sind die „Trattoria“ (eine einfache Gastwirtschaft) oder die „tavola calda“, ein besserer Imbiss. Je nachdem kann man sogar an Tischen draußen auf dem Bürgersteig sitzen und das geschäftige Treiben genießen. Das Essen und die Getränke sind viel preiswerter und der Kontakt zu den Römern ergibt sich fast von alleine. Oft sind die Angebote der „tavola calda“ sehr reichhaltig und eine gute Gelegenheit, auch einmal Unbekanntes zu probieren.
Immer sollte man eine Flasche Mineralwasser dabei haben. Im Hotel oder an kleinen Kiosken oder dem Lebenmittellädchen um die Ecke gekauft oder an einem Trinkwasserbrunnen nachgefüllt, spart der Pilger viel Geld, denn im heißen Rom kommt immer Durst auf. An den Sehenswürdigkeiten sind die Preise exorbitant!!

Als erfahrener Tourist weiß man auch, dass in der Nähe von herausragenden Sehenswürdigkeiten – und das gilt nicht nur für Rom – selten die guten Restaurants zu finden sind. So mancher Gastronom geht davon aus, dass er seine Gäste kein zweites Mal sieht!

Feste

Die Fronleichnamsprozession ist die größte Prozession in der Stadt. Alle Festtage im Kirchenjahr und die Heiligenfeste werden natürlich auch in Rom – mehr oder weniger groß - begangen. Der Weihetag der Lateranbasilika hat im Festkalender der Weltkirche einen festen Platz. Jedes Jahr am 5. August erinnern im Gottesdienst von Santa Maria Maggiore weiße Blütenblätter aus Papier an die Gründungslegende dieser Kirche.

Fotografieren

In den Kirchen ist das Fotografieren zu privaten Zwecken meist erlaubt; wenn dies nicht der Fall ist, erfährt man, wo die Fotogebühr zu entrichten ist. In der Sixtinischen Kapelle dürfen keinerlei Aufnahmen gemacht werden. Wie allgemein üblich, dürfen oftmals keine Innenaufnahmen mit Blitzlicht gemacht werden.

Fremdenführer

Das Pilgerzentrum vermittelt deutschsprachige Fremdenführerinnen, die Gruppen durch Rom und seine kirchlichen Sehenswürdigkeiten führen, aber auch bei der Planung und Durchführung von Pilgerfahrten helfen. Man kann die Führerinnen für halbe oder ganze Tage engagieren (aktuelle Tarife auf

der Homepage des Pilgerzentrums). Auch Ausflüge in die Albaner Berge, nach Montecassino und andere sehenswerte Orte können auf diese Weise gebucht werden.
Ausländische Reiseleiter dürfen in Rom keine Gruppen führen, wenn sie nicht das dortige Diplom besitzen.

Gottesdienste in deutscher Sprache:

In der Kirche des Campo Santo Teutonico (Eingang links von der Peterskirche, wochentags um 7 Uhr, sonntags um 9 Uhr) und in der Deutschen Nationalkirche Santa Maria dell´ Anima (Nähe Piazza Navona, wochentags 18 Uhr, sonntags 10 Uhr).
Für Gruppen, die ohne Priester nach Rom kommen, stehen zur Zelebration einer Hl. Messe, zur Beichte oder zur geistlichen Einstimmung auf die Wallfahrt sowie für Führungen Don Antonio Tedesco - der Leiter des Pilgerzentrums - und andere zur Verfügung. Auskunft erhalten Sie im Pilgerzentrum.
Im August ist die Kirche des Campo Santo Teutonico geschlossen.
Gottesdienste an Feiertagen:
8. Dezember 9 Uhr, Jahresschluss 18 Uhr, Gründonnerstag 18 Uhr, Karfreitag 15 Uhr, Ostersonntag 9 Uhr, Sonntag nach Fronleichnam 9 Uhr (Hochamt und Fronleichnamsprozession), Allerheiligen 9 Uhr, 17.30 Uhr (Vesper und Segnung der Gräber), an den Fastensonntagen nach der hl. Messe Kreuzweg.

Internet Cafés

Diese kleine Auswahl bietet zentral gelegene Internetcafés: TheNetGate, Via Marsala; Esquilino (Tel. 06/87406008), Center Services, Via della Croce, 6; Campo Marzio (Tel. 06/69190608), Cyber Cafè del Corso, Via del Corso, 320; Colonna (Tel. 06/6786209), Internet Cafè, Via Cavour, 213; Monti (Tel. 06/47823051), Easyeverything, Via Barberini, 2; Trevi (Tel. 06/42903388), Trevi Tourist Service, Via dei Lucchesi, 32; Trevi (Tel. 06/69200799)

Kleidung

Nicht nur für die Papstaudienz und den Papstgottesdienst, auch für das Betreten der Kirchen, des Vatikanstaats und der Vatikanischen Museen ist eine angemessene Bekleidung angesagt, d. h. nackte Arme und Beine sind unangemessen. Eine Jacke, ein Pullover oder ein Tuch zum Umhängen können auch im Hochsommer nützlich sein, da es bei längeren Aufenthalten in den Kirchen recht kühl werden kann.

Klima und Reisezeit

Auch im meist angenehmen Mittelmeerklima kann es kühl und regnerisch sein. In Rom schwanken – statistisch gesehen – die Temperaturen im Januar zwischen 3° C und 13° C, im August als heißestem Monat zwischen 18° C und 28° C. Regen ist typisch für die Wintermonate. Im August verlassen viele Römer ihre Stadt, um ans Meer oder aufs Land zu fahren, so dass selbst zur touristischen Hochsaison das eine oder andere Geschäft geschlossen ist. Aber das bedeutet für den Besucher keine Einschränkung.

Museen

Aus der Vielzahl der Museen in Rom sollen hier nur diejenigen erwähnt werden, die in einem engeren Zusammenhang mit einer Pilgerreise stehen. Dazu gehören unbedingt die Vatikanischen Museen.
Die Eintrittskarten können auch online erworben werden und sie gelten ausschließlich am Ausgabetag zur Besichtigung der Museen und der Sixtinischen Kapelle.
Behinderte Menschen dürfen die Warteschlange umgehen und sich direkt zum Eingang der Museen begeben. Gegen Vorlage eines Behindertenausweises erhalten sie eine Ermäßigung. Vorangemeldete Gruppen können den Gruppeneingang benutzen, sofern sie das Schreiben mit der Voranmeldung und Reservierungsnummer vorzeigen können.

Musei Vaticani
Viale Vaticano
I-00165 Roma
Tel. 0039/06/6988-3860 oder –4947
Fax 0039/06/6966-5100
Offizielle Homepage auf Englisch: http://mv.vatican.va/3_EN/pages/MV_Home.html

Öffnungszeiten:
Mo – Sa: 8.30 – 18 Uhr, Einlass bis 16 Uhr. Jeden letzten Sonntag im Monat sind die Museen kostenlos geöffnet – bei einem normalen Eintrittspreis von derzeit 15 Euro lohnt es sich, jenen Sonntag einzuplanen!

Pilgergruppen mit einer Bescheinigung des Diözesan-Pilgeramts erhalten Ermäßigungen beim Eintritt und bei Führungen. Vergünstigungen bei Museumseintritten bietet der Rompass (siehe S.X – bei ÖPNV).

Notfallnummern Ambulanz 118, Carabinieri 112, Polizei 113, Rotes Kreuz 06/5510

Öffentlicher Nahverkehr/ Rompass

In Rom kommt man per ATAC-Bus (www.atac.roma.it – auch als Expressbus oder Nachtbus), Metro und S-Bahn vorwärts. Die Verkehrsgesellschaft bietet Ein-Tages-, Drei-Tage- und Wochenfahrscheine, die man u. a. in Tabakläden und Bars, an Zeitungskiosken und natürlich an Bahnhöfen, Flughäfen und Verkaufstellen der ATAC an einigen Metrostationen erhält. Wichtig: Die Fahrkarten – auch diejenigen der Eisenbahn – müssen immer entwertet werden! Man darf den Bahnsteig nicht ohne gültigen Fahrschein betreten.

Mit einem Rompass (Preis derzeit 23 Euro/Person) kann man drei Tage lang die öffentlichen Verkehrsmittel der Stadt auf dem gesamten Netz nutzen. Dazu gibt es noch einen ausführlicheren Stadtplan, eine Liste mit angeschlossenen Museen und archäologischen Stätten, die man mit dem Rompass kostenlos besichtigen kann oder bei denen es Ermäßigungen gibt. Zusätzlich erhalten Sie ein Veranstaltungsprogramm und eine Liste touristischer Angebote, für die es Ermäßigungen gibt, wie zum Beispiel Stadtrundfahrten und Veranstaltungen.

Öffnungszeiten

In der Regel sind die Geschäfte dienstags bis samstags von 9 – 13 Uhr und von 16 – 20/20.30 Uhr geöffnet. Im Winter schließt man nachmittags gerne eine Stunde früher. Montags haben viele Läden geschlossen; das gilt jedoch nicht für die Einkaufszentren. In der Hochsaison öffnen viele Geschäfte, vor allem an den „Touristenwegen" auch am Sonntagvormittag. Zum größten Feiertag der Italiener, dem Ferragosto – Mariä Himmelfahrt, am 15. August schließen manche Geschäfte trotz Hochsaison für eine Woche oder gleich den ganzen August. Alle Züge und Autobahnen sind an diesem Tag hoffnungslos verstopft, denn alle wollen ans Meer oder zu den Verwandten aufs Land fahren! Ämter sind vormittags von 8 oder 9 bis 12 Uhr geöffnet, das gilt auch für die Botschaften.

Papstaudienz

Jeden Mittwoch um 10.30 Uhr findet die Generalaudienz mit dem hl. Vater statt – je nach Wetterlage auf dem Petersplatz oder in der Audienzhalle Paolo VI. Die Anmeldung dazu benötigt einiges an Zeit: Mindestens vier Wochen vor dem gewünschten Audienzdatum muss man sein Anmeldeformular, das man sich von der Homepage des Pilgerzentrums (www.pilgerzentrum.de) herunterladen kann, per Email oder Fax an das Pilgerzentrum (siehe S. X) senden. Innerhalb einer Woche erhält man eine Antwort. Die kostenlosen Eintrittskarten für die Papstaudienz müssen dann am Dienstag zwischen 15 und 18 Uhr oder am Mittwoch ab 8.30 im Pilgerzentrum abgeholt werden.

Für den Besuch einer Papstaudienz und für eine Besichtigung des Petersdomes ist unbedingt eine korrekte Kleidung, die Arme und Beine bedeckt, erforderlich. Es dürfen keine Metallgegenstände, wie zum Beispiel Taschenmesser, und auch keine Glasflaschen mitgenommen werden. Nicht vergessen darf man die persönlichen religiösen Gegenstände, die am Ende einer Audienz vom Papst gesegnet werden sollen.
In den Sommermonaten können die Audienzen in Castel Gandolfo, der päpstlichen Sommerresidenz stattfinden; wenn jedoch eine große Audienz ansteht, fliegt der Papst zur Mittwochsaudienz nach Rom. Im Sommer gönnt sich der Papst einige Urlaubstage, so dass die Audienzen auch ausfallen können. Im Pilgerzentrum kennt man diese Termine sowie diejenigen von Reisen des Papstes; auf der Homepage kann man sie auch schon Monate vorher nachlesen und somit seine Reisepläne anpassen.

Papst-gottesdienste

Die Anmeldung zu diesen Gottesdiensten im Petersdom verläuft ähnlich derjenigen zu einer Papstaudienz (siehe oben). Man lädt sich ein Formular von der Homepage des Pilgerzentrums herunter, trägt dann bei „Datum der Audienz" den gewünschten Gottesdienst ein, schickt die Anmeldung mindestens vier Wochen vorher an das Pilgerzentrum und holt sich dort am Vortag die Eintrittskarte ab. Es gelten dieselben Kleidervorschriften wie bei einer Papstaudienz

Papstsegen

Nach dem Angelus-Gebet, das der hl. Vater normalerweise jeden Sonntag um 12 Uhr mit allen Pilgern auf dem Petersplatz betet, hält er eine kleine Ansprache und erteilt den Päpstlichen Segen. Zur Teilnahme ist kein Ticket notwendig. Wenn sich der Papst in Castel Gandolfo aufhält, findet das Angelus-Gebet dort statt.
Frisch Vermählte können bis drei Monate nach ihrer Hochzeit einen besonderen Segen vom Papst erhalten. Dafür müssen sie sich ebenfalls mit einem Formular des Pilgerzentrums anmelden. Folgende Angaben sind nötig: der Vor- und Zuname der Ehegatten, das Hochzeitsdatum, der Name des Priesters, der die Trauung vorgenommen hat sowie Gemeinde, Ort und Bistum der Trauung. Außerdem sollte das Ehepaar zur Audienz die Hochzeitskleidung tragen und eine Kopie der Hochzeitsurkunde vorweisen können. Das Pilgerzentrum weist auch darauf hin, dass es der Heilige Vater nicht immer schafft, jedem persönlich den Segen zu erteilen!

Pilgerquatiere

Eine aktuelle Liste mit Unterkünften in religiösen Häusern innerhalb und außerhalb Roms gibt es auf der Homepage des Pilgerzentrums.

Pilgerzentrum

Schon für die Vorbereitung einer Pilgerreise nach Rom ist das Pilgerzentrum, das als Auslandssekretariat der Deutschen Bischofskonferenz fungiert, eine gute Informationsquelle. Auf der Homepage

www.pilgerzentrum.de gibt es schon viele Antworten auf praktische Fragen rund um den Romaufenthalt. In Rom selber ist das Pilgerzentrum eine Anlaufstelle und ein Vermittler beispielsweise von deutschsprachigen Messen, wenn die Gruppe nicht mit einem eigenen Priester anreist oder für Individualgäste. Man hilft bei der Planung und Durchführung von Wallfahrten. Daneben gibt es hier auch die Karten für die Generalaudienz beim hl. Vater, aber auch für eigene Veranstaltungen, wie Seminare, Konzerte und Ausstellungen. Das Pilgerzentrum „versucht aber vor allem den Rompilgern dabei zu helfen, zu einer echten Begegnung mit der Ewigen Stadt, der Römischen Kurie, dem Papst und nicht zuletzt mit Gott zu kommen".

Deutschsprachiges Pilgerzentrum (Centro Pastorale Pellegrini di Lingua Tedesca)
Via del Banco di S. Spirito, 56; I-00186 Roma
Tel.: 0039/06/6897 197 und 0039/06/6897 198
Fax: 0039/06/6869 490
pilgerzentrum@libero.it
Voraussichtlich im Oktober 2010 wird das Pilgerzentrum in die Nähe der Engelsburg umziehen – ein bedeutender Platz, denn hier endet der traditionsreiche Pilgerweg von Norden. Noch gültige Adresse: Via della Conciliazione, 51, Roma, Tel. 0039/06/689 71 97
Öffnungszeiten: Mo.-Fr. 8.30-17.30 Uhr, Sa. 8.30-12.30 Uhr

Polizei

Notrufnummern: Polizei 113 Carabinieri 112
Wenn Dokumente verloren gehen oder gestohlen werden, muß man als erstes in einem Polizeibüro (z.B. Piazza Venezia oder Stazione Termini) Anzeige erstatten. Dann wäre die zuständige Botschaft die nächste Anlaufstelle, um eventuelle Ersatzpapiere zu bekommen. Sehr hilfreich ist es in solchen Fällen, wenn man Fotokopien von den persönlichen Dokumenten „in Reserve" hat. Lassen Sie die Originale vielleicht besser im Hotelsafe und begeben Sie sich mit den Kopien auf Pilgertour und Entdeckungsreise!

Taxi

Nur in die offiziellen weißen Taxis einsteigen und darauf achten, dass der Taxameter eingeschaltet ist! Telefonische Bestellung: 06/3570, 06/4994 oder 06/6645. Zuschläge für Nacht-, Sonn- und Feiertagfahrten sowie größere Gepäckstücke! Eine Fahrt von Rom zum Flughafen Fiumicino kostet 30/40 Euro.

Telefon

In Tabakläden, Bars und an Zeitungskiosken sowie Metro-Stationen kann man Telefonkarten mit einem Guthaben ab 5 Euro kaufen.
Die Landesvorwahl lautet für Deutschland: 0049, Österreich: 0043 und die Schweiz: 0041. Dann lässt man die 0 in der Ortsvorwahl weg. Bei Anrufen nach Italien muss man diese 0 der Ortsvorwahl aber mitwählen, zum Beispiel für Rom: 0039/06/....
Gebrauchsanweisung für eine italienische

Telefonkarte: Erst die auf der Karte angegebene Nummer (für Rom) wählen, dann im Sprachmenu die gewünschte Sprache (z.B. Deutsch) auswählen, anschließend die freigerubbelte Codenummer eingeben und dann die vollständige Telefonnummer des Gesprächspartners wählen.

Tourist Info

Deutschland:
Italienische Zentrale für Tourismus ENIT
Neue Mainzer Straße 26, D-60311 Frankfurt
Tel. 00800/0048 25 42
www.enit.it; enit.ffm@t-online.de

Schweiz:
Italienische Zentrale für Tourismus ENIT
Uraniastraße 32, CH-8001 Zürich
Tel. 0043/466 40 40
www.enit.ch; info@enit.ch

Österreich:
Italienische Zentrale für Tourismus ENIT
Kärntner Ring 4, A-1010 Wien
Tel. 0041/1/505 02 48
www.enit.at; delegation.wien@enit.at

In Rom und Umgebung
PT Römisches Fremdenverkehrsbüro (Zentrale)
Via Parigi, 5, I-00185 Roma
Tel. 0039/06/48 89 92 53,
Fax 0039/06/48 19 316
www.turismoroma.it; info@aptroma.com
zu erreichen mit Metro A (Haltestelle Repubblica)

Außenstellen:
Flughafen Leonardo da Vinci, Ankunftshalle Tel. 0039/06/65 95 44 71
Öffnungszeiten: 8.15-19 Uhr
Flughafen Fiumicino, Ankunftshalle
Tel. 0039/06/65 95 60 74
Öffnungszeiten: 8.15-19 Uhr
Hauptbahnhof Termini, Bahnhofsgebäude Gleis 4, vor dem Bahnhof - Piazza del Cinquecento
Infopavillons-Standorte: Castel Sant Àngelo (Piazza Pia), Corso (Via Minghetti), Via dei Fori Imperiali (gegenüber dem Forum Romanum), Piazza Sonnigno (Trastevere), Santa Maria Maggiore, Piazza Cinque Lune, Piazza S. Giovanni in Laterano

Unterkunft

Preisgünstige Quartiere für Pilger, seien es Individualreisende oder Gruppen, nennt die Homepage des Pilgerzentrums. Für sonstige touristische Angebote bieten sich die Informationsstellen der Italienischen Zentrale für Tourismus ENIT an sowie die endlose Zahl an Reiseportalen im Internet.

Vatikanbesuche

Ohne eine „anständige" Bekleidung wird man nicht eingelassen, das gilt auch für den Besuch der Vatikanischen Museen. Die Vatikanischen Gärten können nur mit einer Führung und nur nach Anmeldung besichtigt werden. Die Anmeldung ist ausschließlich per Internet www.vatican.va über die Seite der Vatikanischen Museen möglich. Die Führungen (Eintritt mit Führung derzeit 31 Euro/

Person, Ermäßigungen gibt es für ausgewiesene Pilgergruppen und Schulklassen) finden jeden Werktag zwischen 9 und 14 Uhr statt, nicht jedoch während der Papstaudienzen und Papstgottesdienste. Besuchsregelung für die Vatikanischen Museen siehe S. 109.

Literatur

Berg, Sigrid:

Biblische Bilder und Symbole erfahren. Ein Material- und Arbeitsbuch, Calwer 1996

Calvocoressi, Peter:

Who's who in der Bibel, dtv 1998

Gatz, Erwin:

Roma Christiana. Ein kunst- und kulturgeschichtlicher Führer über den Vatikan und die Stadt Rom, 2. verbesserte Auflage, Schnell und Steiner 2003

Hofmann, Winfried:

Unsere Heiligen als Schutzpatrone. Legenden und Biographien, Marix 2004

Kirchhoff, Hermann:

Christliches Brauchtum. Feste und Bräuche im Jahreskreis, Kösel 2004

Waal, Anton de:

Rompilger. Wegweiser zu den Heiligtümern und Sehenswürdigkeiten der Ewigen Stadt sowie der bedeutendsten Städte Italiens, 12. Aufl., Herder 1925

Orts-, Sach- und Personen-Register

Impressum

Pilgerbuch Verlag GmbH
Kullmannstr. 4
D-60435 Frankfurt am Main
E-Mail: info@pilgerbuch-verlag.de
Internet: www.pilgerbuch-verlag.de

Autorin: Dr. Gabriele M. Knoll
Sie studierte u. a. Historische Geographie, Kunstgeschichte und Geographie. Seit mehr als 20 Jahren veröffentlicht sie Reiseführer und Bücher zu historischen Themen. Im Pilgerbuchverlag erschien von ihr „Die Pilgerreise nach Einsiedeln. Auf dem Jakobsweg durch die Ostschweiz."

Fotos:
Shutterstock (S. 32, S. 34, S. 52, S. 64, S. 78 u. 79), Panairjdde (S. 58), 3268zauber (S 72), TPLT (S. 76), Christiano Cani (S. 80), Sixtus (S. 81), Berthold Werner (S. 81), Olaf Johannson (S. 17), Dr. Gabriele M. Knoll (S. 55), alle weiteren Bilder sind von Petra Kammann.

Alle Angaben in diesem Reiseführer sind gewissenhaft geprüft. Preise, Öffnungzeiten usw. können sich aber schnell ändern. Für eventuelle Fehler übernimmt der Verlag keine Haftung.

Gestaltung: spoon design, Langgöns
Druck: freiburger graphische betriebe

ISBN 978-3-941391-05-5
1. Auflage 2010

Notizen

Notizen

Notizen